拉克勞與穆芙

Laclau & Mouffe

曾志隆◎著

編輯委員：李英明　孟樊　陳學明　龍協濤
楊大春　曹順慶

出版緣起

　　20世紀尤其是戰後，是西方思想界豐富多變的時期，標誌人類文明的進化發展，其對於我們應該具有相當程度的啓蒙作用；抓住當代西方思想的演變脈絡以及核心內容，應該是昂揚我們當代意識的重要工作。孟樊教授和浙江大學楊大春教授基於這樣的一種體認，決定企劃一套「當代大師系列」。

　　從1980年代以來，台灣知識界相當努力地引介「近代」和「現代」的思想家，對於知識分子和一般民眾起了相當程度的啓蒙作用。

　　這套「當代大師系列」的企劃以及落實出版，承繼了先前知識界的努力基礎，希望能藉這一系列的入門性介紹書，再掀起知識

啓蒙的熱潮。

　　孟樊與楊大春兩位教授在一股知識熱忱
的驅動下，花了不少時間，熱忱謹慎地挑選
當代思想家，排列了出版的先後順序，並且
很快獲得生智文化事業公司葉忠賢先生的支
持，因而能夠順利出版此系列叢書。

　　本系列叢書的作者網羅了兩岸學者專家
以及海內外華人，爲華人學界的合作樹立了
典範。

　　此系列書籍的企劃編輯原則如下：

　　　　1.每書字數大約在七、八萬字左
　　　　　右，對每位思想家的思想進行有
　　　　　系統、分章節的評介。字數的限
　　　　　定主要是因為這套書是介紹性質
　　　　　的書，而且為了讓讀者能方便攜
　　　　　帶閱讀，提升我們社會的閱讀氣
　　　　　氛水準。

　　　　2.這套書名為「當代大師系列」，其
　　　　　中所謂「大師」是指開創一代學

派或具有承先啟後歷史意涵的思
想家，以及思想理論具有相當獨
特性且自成一格者。對於這些思
想家的理論思想介紹，除了要符
合其內在邏輯機制之外，更要透
過我們的文字語言，化解語言和
思考模式的隔閡，為我們的意識
結構注入新的元素。

3.這套書之所以限定在「當代」重
要的思想家，主要是從1980年代
以來，台灣知識界已對近現代的
思想家，如韋伯、尼采和馬克思
等先後都有專書討論。而在限定
「當代」範疇的同時，我們基本上
是先挑台灣未做過的或做得不是
很完整的思想家，做為我們優先
撰稿出版的對象。

另外，本系列書的企劃編輯群，除了上
述的孟樊教授、楊大春教授外，尚包括筆者

本人、陳學明教授、龍協濤教授以及曹慶順教授等六位先生。其中孟樊教授為台灣大學法學博士，向來對文化學術有相當熱忱的關懷，並且具有非常豐富的文化出版經驗以及學術功力，著有《台灣文學輕批評》（揚智文化公司出版）、《當代台灣新詩理論》（揚智文化公司出版）、《大法官會議研究》等著作，現任教於佛光大學文學所；楊大春教授是浙江杭州大學哲學博士，目前任教於浙江大學哲學系，專長西方當代哲學，著有《解構理論》（揚智文化公司出版）、《德希達》（生智文化公司出版）、《後結構主義》（揚智文化公司出版）等書；筆者本人目前任教於政治大學東亞所，著有《馬克思社會衝突論》、《晚期馬克思主義》（揚智文化公司出版）、《中國大陸學》（揚智文化公司出版）、《中共研究方法論》（揚智文化公司出版）等書；陳學明先生是復旦大學哲學系教授、中國國外馬克思主義研究會副會長，著有《現代資本主義的命運》、《哈貝瑪斯「晚期資本

主義論」述評》、《性革命》（揚智文化公司
出版）、《新左派》（揚智文化公司出版）等
書；龍協濤教授現任北京大學學報編審及主
任，並任北大中文系教授，專長比較文學及
接受美學理論，著有《讀者反應理論》（揚智
文化公司出版）等書；曹順慶教授現爲四川
大學文學與新聞學院院長，專長爲比較文學
及中西文論，曾爲美國哈佛大學訪問學人、
南華大學及佛光大學文學所客座教授，著有
《中西比較詩學》等書。

　　這套書的問世最重要的還是因爲獲得生
智文化事業公司總經理葉忠賢先生的支持，
我們非常感謝他對思想啓蒙工作所作出的貢
獻。還望社會各界惠予批評指正。

李英明
序於台北

洪　序

　　自從1980年代中期以來，舊蘇聯衰敗崩潰的跡象，早被布熱津斯基與福山看出。兩人遂有《大失敗》與《歷史的終結》的作品之紛紛提出。這是20世紀末人類歷史與政治最大變局的肇始。在此前後，西方左翼勢力隨著解構主義、語言解析（所謂的「解析的馬克思主義」）、後結構主義與後現代主義的崛起，由西方馬克思主義（西馬）轉化為新馬克思主義（新馬），也面對另一波強勢的挑戰，也就是後馬克思主義的質疑與挑釁。

　　後馬克思主義（Post-Marxism，後馬）在很大程度之內，可謂為告別馬克思主義（Ex-Marxism），亦即拋棄了馬克思主義核心

的歷史唯物論。在拉克勞與穆芙心目中,歷史並沒有循序漸進,走上進化演變軌道,更非由於生產力式的矛盾激化、或是階級的鬥爭衝突,而走上最終的目的(telos)。他們認為言說(話語、論述)的形構(discursive formation)取代了馬克思與恩格斯社經的形構(socio-economic formation)。也就是說,我們過去視為當然存在的國家、社會、階級、資本主義、社會主義等等無非是一大堆象徵性的形式(命名、名稱、概念)所組成。這些象徵性的形式就構成言說(discourse)。言說的體系不等於實在或實相。把言說當成實在來看待,是本質論(essentialism)之錯誤。另外把歷史的實在化約為階級的鬥爭,則是化約論(reductionism)者之謬誤,把歷史前後期不同與變化當成人類或社會進步的現象,尤其陷身於進化論(evolutionism)的陷阱。

　　拉、穆兩氏便是揚棄馬克思主義的本質論、化約論與進化論,而把社會秩序看做受

外力塑造的負面與消極的現象。社會秩序向
來便面對一連串否定其原狀、排斥其現狀的
負面外力之挑戰。在迎擊或排斥這種負面勢
力之下，社會勉強維持其短期穩定、適時的
平衡，這就是俗稱的社會秩序。由此他們質
疑馬克思對社會變遷，歸結為「歷史的必然」
之說法。在理念、物質都欠缺恆定的情形
下，馬克思社會兩層樓譬喻的上層建築與下
層基礎之分別也告消失。

　　社會結構的總體是在不斷變化當中，它
向來便沒有靜止完成之日。社會結構從來不
曾與它本身完全相同，隨時處於變遷中，隨
時有「脫線」（dislocation）的表現。正因為
社會結構隨時會脫線，也隨時在「縫合」
（suture）。由是可知社會結構既是無法決定
的，但它又是被制約的，遂導致社會各種勢
力之間的敵對與爭執。這種衝突的出現，使
政治有迴旋活動的空間。政治是人們社會實
踐沉澱下來的事物，也是對這種實踐沉澱下
來的事物之改變。正因為歷史或傳統遺留給

世人一些沉澱下來的社會實踐，於是吾人既
要保留部分實踐（傳統的維持），又要改變一
些實踐（改革、革命），政治才有發揮作用的
機會。

　　拉克勞與穆芙重視社會主義策略的運
作，包括聯合弱勢團體、婦女、青年、學
生、環保人士，被壓迫的族群等等方法去進
行「社會主義的霸權活動」，這可謂是運用政
治力量去改變現狀的努力。他們的說法基本
上也是馬克思倡導改變環境，俾改變人本身
之說法的翻版，是符合馬氏求取人的解放之
精神。因之，後馬雖然對馬克思主義多所批
判，也企圖加以揚棄，但其追求改變人的命
運，創造新的烏托邦，應該與馬克思主義沒
有太大的隔離。

　　本書作者曾志隆，畢業於淡江大學歐洲
研究所，現為東吳大學政治研究所博士班學
生。他是一位好學深思，頗具學術潛能之青
年學者。他在碩士課程進修之際，求學於
我，態度極為謙虛熱誠。我認為他是一位可

造之材，逐予獎掖，盼他日後締造更佳的學
術成績。是爲序。

洪鎌德　謹誌

於台大國家發展研究所研究室

2002年3月26日

自　序

　　馬克思（Karl Marx 1818-1883）在其與恩格斯（Friedrich Engels 1820-1895）合著的《共產黨宣言》（Manifesto of the Communist Party）一開頭即寫道：「一個幽靈在歐洲大陸遊蕩——共產主義的幽靈」（A spectre stalks the land of Europe-the spectre of communism）。對於當下的學術界而言，似乎也正受一個幽靈的入侵，亦即「後現代主義」（post-modernism）。

　　當代的後現代風潮起源於建築，隨後迅速向人文及社會科學傳布。本書所論及的拉克勞（Ernesto Laclau）與穆芙（Chantal Mouffe）即是由後現代的觀點來批評馬克思主義（Marxism）。拉克勞與穆芙否認社會結

構的變遷由經濟所決定，並且否認普勞階級
（Proletariat）爲推翻資本主義社會的革命主
體，轉而認爲社會結構已經化爲一種類似符
號接合（articulation）的「言說形構」
（discursive formation），普勞階級也不再是推
翻資本主義社會的革命主體，而必須正視其
他社會運動議題與主體存在的事實，並且透
過彼此的聯合以對抗資本主義體制。這即是
拉克勞與穆芙所提出的「社會主義戰略」
（socialist strategy）。

　　本書係個人在碩士班求學階段的一個初
步研究成果，受益於台灣大學國家發展研究
所洪鎌德教授、淡江大學歐洲研究所張維邦
教授與中央研究院歐美研究所研究員黃瑞祺
老師之處頗多。然而，無論在寫作上或是概
念的理解與詮釋等等方面，相信筆者沒有做
到或沒有做好的地方一定很多，這部分需由
筆者自負全責，尚祈學術先進不吝指正。

　　本書得以面世，必須感謝洪鎌德教授的
大力推薦，以及揚智出版公司總編輯孟樊先

生的慨然協助。另外，揚智出版公司的編輯
群亦是筆者應該致謝的對象。而諸多朋友與
同學的關心與鞭策，在此亦一併致上謝意。
最後則要特別感謝父親曾新興先生與母親曾
林敬女士的辛勞與支持、姊姊與姊夫們在精
神與物質上的支助、年齡差距不大的外甥與
外甥女們的相互砥礪，面對充滿各種可能的
未來，也許無法盡如你們的期望，只能盡力
而爲。

曾志隆 謹識
2002年4月24日於淡水

目　錄

第一章
緒　論

馬克思學（Marxology）是以詮釋馬克思
（Karl Marx 1818-1883）的理論學說而形成的
一種科學，與馬克思主義（Marxism）作為
一種意識形態大為不同。❶馬克思主義作為
一種時代的思潮，是由理論與實踐兩方面所
建構而成（洪鎌德 1984：1；1997a：1）。在
理論上，馬克思主義描繪了產業革命
（Industrial Revolution）後，人類生產方式的
轉變以及這種轉變所帶來的種種異化
（alienation）現象；在實踐上，馬克思主義在
為這些異化現象的解除，提供解決的方法。

但自1985年，戈巴契夫（Mikhail S.
Gorbachev）接任俄共總書記，並開始在前蘇
聯推動改革開始，到1989年與1990年，東歐
各國與前蘇聯的共產政權相繼崩解以來，馬克
思主義似乎遭遇了空前的危機，所以馬克
思主義何去何從或其存亡問題遂成為全球關
注與討論的焦點。

由於馬克思主義的存亡爭辯與本書所要
探討的議題有關，所以在緒論部分，有必要

先行探討馬克思主義的存亡問題，並指出如
果馬克思主義並未消亡，則其目前的發展情
況究竟如何。

一、馬克思主義存亡的爭辯

美籍日裔學人福山（Francis Fukuyama）
認為，共產政權的瓦解，象徵第二次世界大
戰以來，所有左派與右派極權獨裁的崩潰，
這種崩潰會指引繁榮（prosperous）而且穩定
（stable）的自由民主政治的建立（Fukuyama
1992: 12）。福山的立論依據在於右派的獨裁
乃源自於黑格爾（Georg F. W. Hegel 1770-
1831）；左派的獨裁則源自於馬克思，然而
馬克思儘管批判過黑格爾，但是馬克思大致
上是受黑格爾的影響（Fukuyama 1992: 64）。
因此，右派與左派政權的崩潰，在某種意義
上，就是黑格爾與馬克思思想的終結。換句

話說，福山的論述，間接宣布馬克思主義的消亡。

阿隆森（Ronald Aronson）則指出：當人們提到馬克思主義在今日已經成為過去，指的是他的歷史轉型（historical transformation）計畫已成過去。所以，今天如果仍有人將馬克思主義視為一種哲學或政治經濟學而繼續鑽研；或者，運用馬克思主義做為一種社會分析或是批判資本主義（Capitalism）的工具；或是引用其中的隻字片語（fragments），這些人雖然自稱是馬克思主義者，但他們事實上是後馬克思主義者，因為他們不是馬克思原始社會轉型（social transformation）計畫的同志或盟友（Aronson 1995: 3-4）。阿隆森的意思在於，儘管今天仍然有人依附於馬克思的理論之下，但是這些闡釋已經不是馬克思的原意，所以馬克思的理論學說無法避免的，已經成為明日黃花。而從當前的一些實例，如勞動階級的生活狀況、勞動階級的自我認同、生產過程的分化

等等來驗證，更加顯示馬克思主義無法適用
於當代社會（Aronson 1995: 56-57）。

　　相反的，史托亞諾維契（Svetozar
Stojanovic）在反省當前的馬克思主義時認
為，今天真正存在的馬克思主義雖是支離破
碎（fragmentary）與激進的修正論（radical-
revisionist），所保留下來的僅是一些散亂
（scattered）的觀點，但這並非馬克思主義的
危機。馬克思主義的危機是在於一些過時的
知識分子（old intellectuals），仍將其觀點鎖
定在社會階級的所有權──經濟（ownership-
economic）、意識形態（ideology）與異化形
式的分析上（Stojanovic 1988: 13-14）。也就
是說，研究主題與範圍未能配合時代變遷，
才是馬克思主義產生危機的真正原因。

　　而柯爾納（Douglas Kellner）則針對馬
克思主義已經終結的說法，提出三點反駁：
首先，柯氏認為馬克思、列寧（Vladimir I.
Lenin 1870-1924）與史達林（Josef V. Stalin
1879-1953），甚至與後來的前蘇聯領導者之

間，並不存有連續性，所以共產主義的瓦解，與馬克思本人並沒有任何關聯；其次，盧梭（Jean-Jacques Rousseau 1712-1778）、黑格爾、黑格爾右派（Right Hegelians）等，更能被視爲是前蘇聯與當代極權國家的精神祖先；第三則是，馬克思的社會主義與民主概念，在在都與列寧主義（Leninism）、史達林主義（Stalinism）及前蘇聯或其衛星國家的官僚集體主義（bureaucratic collectivism）的概念不同（Kellner 1995: 5）。因此，柯氏認爲馬克思主義已經終結的說法不能成立。

　　上述的爭論，只是近來探討馬克思主義存亡議題的部分舉例。從爭論中可以發現，共產政權的崩潰是議題討論的焦點，但正如柯爾納所指出的，前蘇聯所奉行的共產主義能否與馬克思主義畫上等號？如果前蘇聯所實踐的共產主義與馬克思主義不能畫上等號，則此種論爭並無多大意義，反而只是冷戰（Cold War）時期意識形態（ideology）之爭的翻版罷了。

　　眾所周知，馬克思主義百餘年來的發
展，除了列寧所自我標榜的「正統馬克思主
義」（Orthodox Marxism）之外，在西歐尚有
以盧卡奇（Georg Lukács 1885-1971）、寇士
（Karl Korsch 1886-1961）與葛蘭西（Antonio
Gramsci 1891-1937）等人所奠基而發展的
「西方馬克思主義」（Western Marxism），及
接續「西方馬克思主義」而衍生的「新馬克
思主義」（Neo-Marxism）（洪鎌德 1995：
1）。❷因此，筆者認為將所有的討論焦點完
全集中於共產政權的崩潰上，不能完全得出
馬克思主義是存、是亡的結論。

　　誠如米立班（Ralph Miliband 1924-1994）
所指陳的，共產主義的瓦解與西方的社會主
義者並無關聯，但可使西方的社會主義者瞭
解哪些事項不能執行，如計畫經濟
（planning）、經濟生活的組織（organization of
economic life）（Miliband 1991: 10-11）。因
此，討論馬克思主義的存亡議題，不能單從
共產政權的崩潰來探討，相反的，應該從馬

克思主義目前在西方的發展情況著手,因為如果西方的馬克思主義也面臨崩解、完結的命運,才能算是馬克思主義存亡之爭的最後註腳。

二、當代馬克思主義的發展 ——後馬克思主義的產生背景

　　馬克思主義的發展隨著時空環境與背景的不同,所展現出來的結果也不同,在歐洲的東半部自1917年俄國革命成功後,列寧將第二國際(Second International)以恩格斯所闡釋的經濟決定論定為官方解釋馬克思主義的唯一依據,並且對外提出「世界革命」(World Revolution)的口號;對內則製造個人崇拜。1924年列寧去世後,史達林除承繼列寧的執政策略,肅清政治異己之外,並將

社會主義與德國的軍事紀律結合為國內的政治文化（Janos 1996: 4-6; 9），往後甚至為中國的毛澤東、北韓的金日成、越南的胡志明、高棉赤柬等各共產黨領導人所仿效。也因為列寧主義與史達林主義的極權、獨裁，從此極權、恐怖即成為共產黨政治的代名詞。

而流傳於歐洲西半部的馬克思主義，乃由盧卡奇、寇士與葛蘭西所奠基而成，這是因為在1920年代伊始，盧卡奇、寇士與葛蘭西即不約而同的指出：黑格爾的主體和客體的辯證法、總體觀、主體、意識、歷史觀與異化說，才是形成馬克思主義哲學理論的源頭活水。由於此三位的學說一致對第一次世界大戰之後，蘇聯馬克思主義淪落為史達林主義展開抨擊，故又稱為批判的、非教條的馬克思主義，又因其崇奉黑格爾的學說，因而又稱為「黑格爾式的馬克思主義」（Hegelian Marxism）；此外，由於地理分布的關係，亦可稱為歐洲的馬克思主義或發達

資本主義地區的馬克思主義（洪鎌德 1995：
3），甚至因爲起義失敗，被各國政府壓制，
轉入地下活動，所以又可被稱爲失敗的，或
地下的馬克思主義。

　　西方馬克思主義發展至1960年代左右，
由於東歐自1956年起，接連發生波蘭的「波
茲南事件」（1956）、匈牙利的「十月事件」
（1956）及捷克的「布拉格之春」（1968）等
「非史達林化」（de-Stalinization）或「反史達
林主義」（anti-Stalinism）的運動，帶動東歐
馬克思主義者重新思考馬克思主義的內涵，
也因爲西方馬克思主義者的先驅，其本籍多
屬於東、南歐（盧卡奇爲匈牙利人、寇士爲
德國人、葛蘭西爲義大利人）。因此，西方馬
克思主義先驅的理論學說，即成爲東歐馬克
思主義者重新思考馬克思主義的思想淵源
（衣俊卿 1993：31-36；40-41），也因此使得
西方馬克思主義的流傳版圖擴展至東歐。因
此，這股思潮的時代意義不僅使得東、西方
的馬克思主義合流；法國、西班牙與義大利

的共產黨放棄走俄共路線；如果再把範圍予以延伸的話，甚至連歐共主義（Euro-Communism）、拉丁美洲的解放神學（Liberation Theology）及北非的激進革命策略都可以涵蓋在這股思潮之內（洪鎌德1995：2；1996：9；164-165）。

時序進入1980年代中期以後，由於時、空環境與背景的演變，西方馬克思主義的發展又進入一個嶄新的階段，即「後馬克思主義」（Post Marxism）的出現，其出現大致上可歸結出三個背景因素：一是左派思潮的危機；二是知識學界的轉變；三是全球政經情勢的變遷（Ritzer & Schubert 1991：363-369；洪鎌德 1996：71-74）。

（一）左派思潮的危機

左派思潮的危機可以分為理論與實踐兩方面予以分析。在理論方面主要是各學派領導人物的紛紛謝世，如盧卡奇病逝於1971年；法蘭克福學派（Frankfurt School）的霍

克海默（Max Horkheimer 1895-1973）、馬孤
哲（Herbert Marcuse 1898-1979）、阿多諾
（Theodor W. Adorno 1903-1969）則分別於
1960年代末及1970年代辭世；結構主義
（Structuralism ）學派的重要理論大師阿圖舍
（Louis Althusser 1918-1990）於1990年去世、
後結構主義代表朴蘭查（Nicos Poulantzas
1937-1979）於1979年自殺身亡後，這些精神
領導的紛紛謝世，使得西方馬克思主義呈現
出理論眞空與後繼乏人的現象（Ritzer &
Schubert 1991: 363；洪鎌德 1996：73）。

　　至於實踐上所暴露出來的，則是西方馬
克思主義的理論學說完全朝向哲學發展，而
與實際的政治脫節（Anderson 1976: 53），從
1968年法國學生運動的失敗，即可看出西方
馬克思主義者的理論學說無法爲實踐提供理
論基礎，而呈現與實際政治脫節的嚴重現
象。因此，後馬克思主義者極力強調「新社
會運動」（new social movement）的重要，亦
即摒棄普勞階級（Proletariat）❸爲革命主體

的階級化約論（class reductionism）立場，改以強調種族（race）、性別（gender）、生態（ecology）等多元革命主體的重要性（Miliband 1985: 8）。

（二）知識學界的轉變

知識學界的轉變則與後現代主義（postmodernism）及後結構主義（poststructuralism）思潮的興起有關。「後現代」從何時開始，可謂眾說紛紜，但「後現代」一詞根據考證為西班牙學者歐尼斯（Federico de Onis）於1934年首先使用，隨後費次（Dudley Fitts）、湯恩比（Arnold Toynbee 1889-1975）、沙默威（D. C. Somervell）與奧爾森（Charles Olson）陸續沿用，但內容指涉上多所不同（Hassan 1993: 147）。而後結構主義則脫胎自結構主義（徐崇溫 1994a：193），這兩股思潮於1970年代匯集，為當代知識學界帶來不小的震撼。❹

後現代主義或後結構主義的產生，源自

於對法蘭克福學派批判理論（Critical Theory）
的不滿，而他們的理論淵源則可溯及自尼采
的事實非先驗的看法（Poster 1990: 3; 15），
亦即事實的存在沒有一個事先預設的本質或
立場。而其理論中心則在主張「主體離心
化」、批判「邏各斯」（Logos）和基礎論
（foundationalism）及經驗指涉（empirical
reference）（Mouzelis 1995: 41；楊大春
1996a：46-47）。

　　而馬克思主義的研究方法不可避免的也
受到這股後現代和後結構之風所侵襲，部分
後馬克思主義者，即運用後結構的觀點，批
判馬克思主義的「化約論」（reductionism）、
「功能論」（functionalism）、「本質論」
（essentialism）與「普遍論」（universalism或
譯為寰宇論）（McLennan 1996: 54），這方面
的代表人物，除了已過世的傅柯（Michel
Foucault 1926-1984）之外，尚有拉克勞
（Ernesto Laclau）與穆芙（Chantal Mouffe）。

（三）全球政經情勢的變遷

　　全球政經情勢的變遷又可區分為資本主義生產方式的改變與政治轉向這二方面。

　　資本主義的生產方式與社會形態隨著生產技術的革新而有重大的改變，目前的生產方式與社會形態已由早期的福特主義（Fordism）與泰勒主義（Taylorism）轉向後福特主義（Post-Fordism）發展。所謂的福特主義，指涉的是大量生產、強調經濟規模與裝配生產；而泰勒主義則是指非技術、重視生產效率、雇用大量員工、工會組織層級化、大眾市場與大眾社會；進入後福特主義時代後，則是強調新技術的運用、多技能勞工的要求、減低官僚化、減低工會組織層級、去除集中化、重視差異、強調多元市場與更為特殊的社會（Murray 1990: 38-40；Ritzer & Schubert 1991: 369；洪鎌德 1997b：342）。正是後福特主義帶來生產方式與社會形態的轉變，因而迫使當代的馬克

思主義者不得不重新思考馬克思主義的適用
性。

政治轉向則肇因於1979年柴契爾夫人
（Margaret Thatcher）贏得英國國會大選，隔
年美國總統大選又由共和黨的雷根（Ronald
Reagen）贏得總統選舉，一時之間西方兩大
深具民主傳統的國家相繼由保守主義者執
政，甚至在亞洲，日本的中曾根內閣也是保
守主義的擁護者。即是一般所稱的「新保守
主義」（New Conservatism）或稱之為「新右
派」（New Right）。值得注意的是，這股政治
向右轉的風潮，不僅發生在保守政黨執政的
國家，即使在法國是由社會黨贏得總統大
選，但是密特朗（François Mitterand 1916-
1996），在無法順利推行社會主義的情況之
下，也不得不推行由左轉右的政策，（吳密
察 1988：42-47；Ritzer & Schubert 1991:
367；洪鎌德 1996：71）。

新保守主義在政治上主張擁護資本主
義，敵視共產主義；強烈質疑社會福利政

策，呼籲改革社會福利制度；重申古典自由主義的機會平等思想，反對齊頭式平等的激進主張；認為資本主義與共產主義誓不兩立，故主張對於共產主義應採取強勢作為（李連江 1994：81-83；洪鎌德 1997b：336）。❺

由於保守勢力與左派勢力乃是互為消長，所以左派勢力若想重新拾得主導優勢，勢必要重新建構一套完整的理論。新保守主義的出現，正是引領左派重新思考的契機。

另外，共產政權的崩解，無疑是當代全球政經情勢變遷的首要大事，而其崩潰的關鍵則是戈巴契夫在前蘇聯所進行的一連串改革措施及其失敗。

戈巴契夫在前蘇聯所採取的改革措施，約略可歸納出四點背景（Hudelson 1993: 129-131）：

1.經濟方面：由於軍事支出過於龐大，而且為了因應經濟發展，倡導大量消

費與開銷，致使資源耗竭；計畫經濟
無法適用經濟發展所帶來的複雜問
題；1970年代以後，經濟成長率的逐
年滑落；1981到1982年間，俄國重要
城市出現食物配給現象與環境污染
等。

2.民間方面：由於自1970年代起，人民
　教育的提高，並且有機會出國參訪，
　因而對國家領導人產生信心動搖。

3.共黨內部方面：因為中央計畫經濟的
　施行，致使產業極度依賴官僚體制，
　造成共黨官員的貪腐。

4.個人特質方面：戈巴契夫因屬於年輕
　世代，又接受完整教育，並碰上赫魯
　雪夫（N. Khrushchev 1894-1971）所致
　力推動的「非史達林化」改革。因
　此，戈巴契夫深信在共產主義內仍然
　可以容許反對、批評與改革。

1985年，戈巴契夫當選俄共總書記後，

即著手一連串的改革，其改革可分爲內政與
外交兩方面來敘述。在內政上，戈巴契夫提
出「改革」（Perestroika）與「開放」
（Glasnost）。如給予企業自主權，允許企業自
行訂定生產計畫與價格、1988年的「合作法
案」（Law on Cooperatives），更鼓勵中小企業
的創立與公司合併，並在1989年創造三百萬
個工作機會；另外賦予媒體出版自由；打破
一人競選局面等等。在對外關係上，由於戈
巴契夫的改革措施亟需外援（尤其是美國的
援助）。因此，在對外政策上，戈巴契夫不得
不停止軍事外交，並鼓勵東歐各國改採開放
措施（Mason 1992: 45-50）。雖然戈巴契夫的
改革措施，引領東歐各國的非共產主義化，
但是戈氏對於前蘇聯的改革並未成功，反而
導致1990年夏天的政變，最後造成共產政權
的一夕崩潰及冷戰的結束。

但在此必須提出的是共產政權的相繼崩
潰，應視爲後馬克思主義思潮的確立。理由
有二：

　　第一，後馬克思主義是對西方馬克思主義與新馬克思主義理論與研究方法的革命，而這場革命自1960年代即已開始。

　　第二，目前被視爲後馬克思主義先驅的著作大都發表於1985年以後，如拉克勞與穆芙的《文化霸權與社會主義戰略：關於激進民主政治》（*Hegemony & Socialist Strategy: Toward a Radical Democratic Politics*）發表於1985年；鮑威士（Samuel Bowels）與金提士（Herbert Gintis）的《民主政治與資本主義：所有、共有與當代社會思想的矛盾》（*Democracy and Capitalism: Property, Community, and the Contradiction of Modern Social Thought*）發表於1987年；至於「解析的馬克思主義」（Analytical Marxism）則於1970年代末即隱然形成，直至1986年才正式以「解析的馬克思主義」名稱出現（Wright 1991: 493-494）。❻

　　因此，若以上述兩點來推論，則共產政權的崩潰不應是後馬克思主義出現的背景因

素，但是無疑的，共產政權的崩潰可能會使
得東、西方的馬克思主義合流，也將使馬克
思主義的發展邁向另一個里程碑。

　　由後馬克思主義的發展可以發現，後馬
克思主義的發展是由左派思潮的危機、知識
學界的轉變與全球政經情勢的轉變等多方背
景因素所形成。因此，後馬克思主義的出
現，標誌著馬克思主義已進入一個嶄新的階
段，如果再由其發展來省思馬克思主義的存
亡，則可以得出一個初步的結論，即前蘇
聯、東歐等國的共產主義體制已經消亡，但
西方的馬克思主義卻仍存在，只是為配合時
空環境的轉換而以另一種面貌呈現。

三、後馬克思主義的界定

　　關於「後馬克思主義」一詞，知識學界
間對其引用與指涉範圍尚未形成一致的看

法，有將「後馬克思主義」視爲馬克思以後
所出現的多元馬克思主義者，因此正統馬克
思主義、西方馬克思主義、新馬克思主義乃
至於本書所要探討的後馬克思主義等皆包含
在內，如上文所提到的阿隆森即持此種看
法；而留美已故學人傅偉勳（1933-1997）則
認爲「後馬克思主義」有廣、狹等三種含意
（傅偉勳 1987：51）：

　　第一種，也是最廣義的後馬克思主義，
是指馬克思與恩格斯以後，所有嘗試繼承、
發展古典馬克思主義的圈內理論，包括馬列
主義與新馬克思主義等等「修正理論」，以及
直接、間接接受過古典馬克思主義影響，但
非屬於馬克思主義系統的圈外學說。

　　第二種含意則是指戰後（尤其越戰結束
以及毛澤東死後）產生出來的一些受過馬克
思主義啓發或影響，但又批判地揚棄馬克思
主義的新派非馬克思主義學說。

　　第三種含意則指往後現代化道路提供理
論基礎，而足以批判地超越馬克思主義與非

馬克思主義間對立的任何可能理論。

　　如果依照阿隆森的看法，則後馬克思主
義並非特定的時代產物，亦即失去時代性與
階段性的含意；而傅偉勳所指出的第一種含
意，與阿隆森有相似之處，但範圍上又較後
者爲廣，至於第二種含意正逢後馬克思主義
的醞釀期，只有第三種含意較能表述馬克思
主義的當前發展。

　　另外也有對「後馬克思主義」一詞持反
對態度者，如葛拉斯（Norman Geras）。葛氏
曾於《新左派評論》（New Left Review）兩度
著文批駁拉克勞與穆芙，認爲拉克勞與穆芙
的學說根本是「告別馬克思主義」（Ex-
Marxism），而不能自稱是「後馬克思主
義」。❼但無論「後馬克思主義」一詞如何受
到批評，後馬克思主義的到來已是無法否認
的事實。

　　後馬克思主義發展至今爲止，除了拉克
勞與穆芙的學說之外，尚包括解析的馬克思
主義、鮑威士與金提士（Ritzer & Schubert

1991: 360-363）及詹明信（Frederic Jameson）
等人在內。

　　上一節中已提及，拉克勞與穆芙的學說
傳承自後結構主義，而鮑樂士與金提士則與
拉克勞及穆芙的看法接近（洪鎌德 1996：
78），至於詹明信的學說雖然將後現代主義與
馬克思主義連結起來（洪鎌德 1996：90），
但他的研究對象僅限於文化領域，看法亦與
拉克勞及穆芙迥異。

　　詹明信不認同道德化的批評可適用於後
現代社會，所以他主張塑造一個新的「文化
政治」（cultural politics）；詹明信也認為，
後現代社會的變遷，其主要動力仍然是階級
與資本的累積，所以他主張應大力護衛社會
主義計畫，並主張把後現代主義視為「超級
的商品化」（hypercommodification）；另
外，詹明信不贊同正統馬克思主義將文化的
形成、政治經濟的結構與人類解放之可能性
連結的看法，相反的，對於階級政治（政治
經濟）與社會主義（人類的解放）的關係，

他不提供歷史發展的必然，也不提供規範性
的必然主張（洪鎌德 1996：91）。

　　至於解析的馬克思主義應算是成員最多
與散布最廣的後馬克思主義流派。1979年因
柯亨（G. A. Cohen）（留英之加拿大哲學學
者）、艾爾士特（Jon Elster）（挪威政治學者）
及多位來自不同國家的學者如羅默、普熱沃
斯基（Adam Przeworski）、賴特（Erik Olin
Wright）等齊聚於倫敦討論當代的馬克思主
義，會議結束之後經過三至四年左右，本項
集會卻成為這些學者的年會，最後並於1986
年正式以「解析的馬克思主義」之名出版成
員的著作，從此即以「解析的馬克思主義」
為名，另外由於解析的馬克思主義是以涵括
數學上的博奕理論（game theory）來建構理
性──行動者模型（rational-actor models），
所以解析的馬克思主義又被稱為「理性──
選擇的馬克思主義」（Rational-Choice
Marxism）（Wright 1991: 493-494; 503）。

　　解析的馬克思主義的研究主題非常廣

泛，包括階級結構、歷史理論、意識形態、
政治理論、馬克思經濟學的基本概念、社會
民主與選舉政治學、經濟危機、工會與國家
等主題，而其研究方法則有四個特徵：一是
在理論建構與行為研究方面遵循傳統的科學
規範；二是對於特別涉及馬克思理論核心的
概念，強調應予以有系統的概念化；三是與
概念有關的理論爭辯上，強調詳述與列舉步
驟；最後則是在解釋的理論與規範的理論之
間，強調個人意圖動機的解釋（Wright 1991:
494-495）。

　　從上述的說明可以發現，後馬克思主義
的研究方法與西方馬克思主義及新馬克思主
義不同，而這也是「後馬克思主義」遭受批
評的最大原因。

　　至於後馬克思主義與西方馬克思主義及
新馬克思主義如何界定的問題，筆者則嘗試
引用洪鎌德博士以時期、地點、主題及方法
來界定西方馬克思主義與新馬克思主義不同
的方式，來說明三者的不同，見**表1-1**所示：

表1-1　西馬、新馬及後馬主義的比較

	西馬	新馬	後馬
時期	1920年代	1960年代	1980年代中期以來
地點	由歐洲中、南部擴展至西歐	歐陸、英倫、北美、波蘭、捷克、南斯拉夫、拉丁美洲、北非	西歐、北歐、北美
主題	上層建築的意識、思想與文化	除西馬所涵蓋的主題外，尚包括經濟現實的下層建築，特別是新的剝削、新的殖民主義、新的帝國主義等有關的依賴理論、世界經濟互賴理論	社會形構、鬥爭策略、階級結構、歷史理論、政治理論、經濟、社會、民主、選舉、工會、國家、文化
方法	辯證法、哲學與歷史方法	除辯證法、哲學與歷史方法外，尚有社會科學方法與生態學方法	哲學、傳統社會科學、行為科學

以上西馬與新馬部分參考洪鎌德 1995：2；1996：9：
164-165，本表則為筆者自行製作。

　　須附帶說明的是，後馬克思主義的發展
甚爲廣泛，在此僅羅列主要學派或人物予以
說明，而未來勢必有更多的後馬克思主義者
出現，而西方馬克思主義與新馬克思主義人
物交疊的現象，也同樣在新馬克思主義與後
馬克思主義間產生，如詹明信與李歐塔
（Jean-Francois Lyotard 1924-1998）即是一
例。

四、拉克勞與穆芙簡介

　　本書撰寫的目的，除了上文已討論的馬
克思主義是否已經消亡及界定後馬克思主義
之外，主要是在討論拉克勞與穆芙的革命理
論，而之所以選定拉克勞與穆芙所提出的社
會主義戰略（Socialist Strategy）作爲討論對
象，原因在於他們是1920年代以來，繼葛蘭
西之後，再度提出革命實踐策略者之一，而

他們所提出的策略，與馬克思主義的傳統策
略不同，這或許與其成長背景和經歷有關。
因此，拉克勞與穆芙的革命戰略即具有理論
上與實踐上的可探討性。

　　拉克勞於1935年出生於阿根廷
（Argentina）一個中產而傾向自由主義的家庭
裡，在布宜諾斯艾利斯（Buenos Aires）大學
接受教育，同時擔任哲學與藝術學院
（Philosophy and Arts Faculty）的學生聯盟主
席，及布宜諾斯艾利斯大學評議會（Senate
of University of Buenos Aires）的左派學生運
動代表。1958年加入阿根廷社會黨（Partido
Socialista Argentino; PSA），1960年代，阿根
廷社會黨分裂，拉克勞遂於1963年加入由拉
莫士（Jorge Abelardo Ramos）所領導的國家
左派社會黨（Partido Socialista de la Izquierda
Nacional; PSIN）。在1966年阿根廷政變期
間，曾參與學潮，反抗軍人干政，1969年赴
英國就讀於牛津（Oxford）大學，1973年之
後在英國埃賽克斯（Essex）大學政治學系執

教至今，期間擔任過多倫多（Toronto）大學
政治經濟研究所、芝加哥（Chicago）大學歷
史學系，以及拉丁美洲幾所大學的客座教授
（Laclau 1990：197-198；洪鎌德 1996：99-
100）。

　　穆芙女士則於1943年誕生於比利時的博
列（Baulet），為一專攻政治哲學的學者。穆
芙因於1960年代中期成為阿圖舍的學生，而
成為馬克思主義者，曾先後在魯汶
（Louvain）、巴黎（Paris）、埃賽克斯和倫敦
（London）等大學求學，並曾擔任過南美哥
倫比亞（Colombia）大學教授，且曾執教於
倫敦市立（City）大學、衛斯斐爾德
（Westfield）學院、倫敦大學，1988年至1990
年先後在普林斯頓（Princeton）大學與康乃
爾（Cornell）大學擔任研究員，現為巴黎國
際哲學學院（Collége International de
Philosophie）成員（Laclau 1990: 197；洪鎌
德 1996：99-100）。

　　拉克勞與穆芙在理論的建構過程上，與

馬克思有同異之處，相似之處如馬克思理論
的建構過程可分爲研究過程與表述過程，研
究過程是從具體到抽象，以抽象分析爲主，
如對於生產方式及生產關係的研究，得出資
本主義社會爲商品化社會。而表述過程則從
抽象到具體，以綜合重建爲主，如從商品社
會中表述價值、勞動、貨幣、資本、生產、
流通、分配、利潤等概念，再從而得出資本
主義社會的整個生產方式（黃瑞祺 1994；
31-33），而後提出普勞階級革命的策略。相
較於馬克思理論的具體／抽象／具體建構過
程，拉克勞與穆芙的理論建構也呈現出這種
相似性，如拉克勞與穆芙從當代資本主義和
社會運動的具體發展，反思普勞階級革命的
不可能性，再從這種不可能性當中，抽象的
建構資本主義社會是「言說形構」，再從「言
說形構」中建立具體的社會主義戰略。

　　至於相異之處則是方法上的不同。馬克
思是在社會組成的眾多因素中，運用辯證法
試圖找出中心，即本質；但拉克勞與穆芙則

從後結構主義的解構觀點，試圖將社會的組
成因素予以還原，亦即去除中心、去除本
質。

　　而由於方法上的不同，致使拉克勞與穆
芙的鬥爭策略也顯現出和馬克思有所不同。
馬克思以唯物為出發點，認為在階級的利
益、社會地位與全人類解放的爭奪上，最後
負起革命任務的，必然是普勞階級。相反
的，拉克勞與穆芙以當前資本主義的發展，
對馬克思主義進行反思的結果，提出民粹式
的「民主革命」（Democratic Revolution）策
略。換句話說，普勞階級在拉克勞與穆芙的
理論裡，並非革命的主角，也不是唯一的革
命力量。因此，本書主要的討論內容即以拉
克勞與穆芙所提出的社會主義戰略為主軸，
探討拉克勞與穆芙在弱化普勞階級傳統的革
命角色之後，如何建構新的革命主體與革命
理論，以及此種建構所可能產生的問題。

註　釋

❶ 一般所提到的馬克思主義，在很大的程度上，其實是
馬克思與恩格斯（Friedrich Engels 1820-1895）兩人
思想的結合，是恩格斯一手所塑造而成的思想體系，
但是法國學者呂貝爾（Maximilien Rubel）另外提出
「馬克思學」的看法，並且認為馬克思學與馬克思主
義不同，其原因在於呂貝爾認為馬克思主義的形成，
主要肇因於恩格斯將馬克思的著作視為一個完整體
系，然而事實上馬克思的著作並未為其學說的體系化
提供任何基礎。因此，呂貝爾主張馬克思學與馬克思
主義應予以分辨，認為馬克思學應該是回歸馬克思的
著作，以探求馬克思理論學說的科學。請參閱戈曼
（Robert A. Gorman）編，馬欣艷、林泣明、田心喻等
譯之《新馬克思主義人物辭典》（*Biographical
Dictionary of Neo-Marxism*），台北：遠流出版事業股
份有限公司，1995年初版一刷，頁557-560.

❷ 有關西方馬克思主義演變為新馬克思主義的過程與關
係，請參考洪鎌德 1995：1-21.

❸ "Proletariat" 一詞的中文翻譯，大都譯為「普羅階
級」，洪鎌德則認為應改譯為「普勞階級」。請參考洪
鎌德 1996：14.

❹ 有關後現代主義與後結構主義這兩股思潮的合流，請

參見Bertens 1995：5-11.

❺有關資本主義與共產主義的經濟理論，可進一步參考洪鎌德 1997b：250-261.

❻「解析的馬克思主義」一詞首次出現於羅默（John Roemer）所編之 *Analytical Marxism*（Cambridge: Cambridge University Press, 1986）

❼有關葛拉斯等人對於拉克勞與穆芙的批判，請參閱本書第五章。

第二章
拉克勞與穆芙的理論架構

在前一章曾提到後馬克思主義的興起與
左派思潮的危機有關,而這個危機產生的主
要原因是各學派大師的紛紛謝世,因而在後
繼無人之下,出現理論的空檔期,這其中尤
以結構主義的馬克思主義更加明顯而令人唏
噓。

相較於法蘭克福學派尚有哈伯馬斯
(Jürgen Habermas)足以代表該學派的傳統,
結構主義的馬克思主義卻在阿圖舍生前即有
批判的聲音出現,早逝的朴蘭查即是一例,
俟阿圖舍晚年因為心智混亂,甚至演出殺妻
悲劇之後,結構主義的風光不再。至於本書
所要探討的拉克勞與穆芙則是近十餘年來對
結構主義的馬克思主義批判的又一例。因此
可以說,結構主義的馬克思主義在阿圖舍於
1990年去世之前,已呈現崩解之勢,幾乎找
不出足以代表該學派的人物。

結構主義的馬克思主義的失落只是整個
結構主義瓦解的冰山一角,而結構主義的瓦
解與德希達(Jacques Derrida)對結構主義的

批判有關，雖然德希達的批判最初僅限於文學及哲學，但這股批判風潮很快的侵入其他領域，而被稱之為後結構主義。至此，後結構主義取代了結構主義而躍上法國的知識舞台，並且迅速向法國以外的國家擴展，結構主義的馬克思主義在這波知識巨流的衝擊下亦無法倖免。

　　後結構主義雖然源自於對結構主義的批判，但是本身缺乏一套完整的理論，只有共通的看法，並且後結構主義者的學說建構來源也因其所涉及的領域而呈現不同。至於本書所要探討的拉克勞與穆芙，依歐斯朋（Peter Osborne）的看法，認為拉克勞與穆芙的理論來源主要是源自阿圖舍的意識形態概念、維根斯坦（Ludwig Joseph Johann Wittgenstein 1889-1951）的「語言遊戲」（Language Game）及傅柯（Michel Foucault 1926-1984）的「規律性的分散」（regularity in dispersion）（Osborne 1991: 204）。

　　然而，拉克勞與穆芙的理論係以批判馬

克思主義爲起點（尤其是第二國際的經濟決
定論），這種批判的立場甚至直指黑格爾的本
質論立場與辯證法（Dialects）；另外，其著
述中尚可發現索緒爾（Ferdinand de Saussure
1857-1913）的結構語言學（Structural
Language）對其產生的影響，而後結構主義
的先驅德希達也發揮一定的影響力。因此，
必須擴充歐斯朋的看法，才能略窺拉克勞與
穆芙的理論架構。

　　本章對於拉克勞與穆芙理論架構的探
討，主要以馬克思主義、結構主義與後結構
主義爲討論重點，其中馬克思主義可以說是
拉克勞與穆芙理論的基礎；而結構主義，特
別是結構語言學，提供拉克勞與穆芙理論建
構上的概念來源；後結構主義則提供拉克勞
與穆芙理論建構上的方法論。❶至於維根斯
坦對於拉克勞與穆芙的啓發，則是涉及認識
論，這個部分於第三章探討言說形構時再一
併討論。

一、馬克思主義

　　馬克思在生前曾對其法籍女婿拉法格
（Paul Lafargue 1842-1911）坦承說到：「就
我所知，我本人不是一位馬克思主義者。」
（洪鎌德 1995：209；1996：203；1997a：
340；1997c：387）。這句話的背後，代表馬
克思本人反對將其思想體系化、物化
（reification），更代表馬克思本人反對將其學
說予以意識形態化。然而儘管馬克思本人不
願意使其學說成為一種教條，但經由恩格
斯、普列漢諾夫（Georg Plekhanov 1856-
1918）、考茨基（Karl Kautsky 1854-1938）、
列寧、布哈林（Nikolai Bukharin 1888-1938）
及史達林的扭曲後，馬克思的學說終究無法
避免意識形態化（洪鎌德 1995：209-210；
1996：203），甚至是教條化。

　　馬克思的學說可以說是源自18及19世紀
的歐洲思想與社會實況，一般說來，馬克思
的學說體系是以批判德國的浪漫主義與唯心
主義、法國的社會主義及英國的自由經濟學
說為基礎，例如馬克思承襲黑格爾的辯證
法，但卻批判黑格爾的唯心觀。另外，馬克
思批判法國的社會主義是烏托邦社會主義、
批判英國的自由經濟學說只是保護資產階級
利益等等。❷有些學者認為馬克思學說的本
質與精神並非完全一致，也並非可以一個整
體視之，如古德納（Alvin Gouldner 1920-
1981）即認為，馬克思的學說有兩個源頭，
一是強調批判的馬克思主義，另一則是科學
的馬克思主義（洪鎌德 1997c：425-426）。

　　批判的馬克思主義主要乃根源於馬克思
本人的早期著作。馬克思早期著作的最大特
點是強調對人的關懷，尤其是馬克思撰寫於
1844年的《經濟學與哲學手稿》（*Economic
and Philosophical Manuscripts of 1844*）（簡稱
為《巴黎手稿》或《手稿》），更是後來西方

馬克思主義者立論的主要依據。在《手稿》
中馬克思透露了對資本家的不滿、流露了對
普勞階級的關懷，例如馬克思認為工資與其
說是由勞動市場供需所決定，毋寧說是資本
家與普勞階級鬥爭下的產物，並且馬克思認
為工資的最後決定權必然由資本家取得勝利
（Marx 1977: 21）；另外，馬克思直陳分工的
弊害，認為分工是私有財產形成的原動力、
是異化形式的表現（Marx 1977: 122），而貨
幣則是顛倒了世界，混淆了自然與人的特質
（Marx 1977: 132）。因此，馬克思認為在工業
社會的分工情況下、在資產階級支配一切的
情況下，異化不再是人類的自我增益（self-
enriching）過程，反而便成一種枷鎖，❸致
使人在勞動過程中與自己的生產產品相異
化、與自己的勞動過程相異化、與自己的類
本質（species-being）相異化、與他人相異化
（Marx 1977: 71-75）。

　　青年馬克思縱然對普勞階級表達人本關
懷，也在《共產黨宣言》（*The Communist*

Manifesto）中提出普勞階級革命的看法，然而嚴格說來，青年馬克思的著作並非其學說體系的完整呈現，如阿圖舍即認為，馬克思的學說脈絡存在著科學與意識形態「在認識論上的決裂」（epistemological break）（Althusser 1990: 32-33）。❹換言之，阿圖舍認為青年馬克思的著作基本上是屬於意識形態範疇，而不屬於科學之列。姑且不論阿圖舍的看法是否正確，但是馬克思的學說被視為是一種科學，確實是在1850年代後期才逐漸確立，這也是正統馬克思主義的重要理論來源，也是日後馬克思的學說最受批判之處。

　　最能表達馬克思的學說是一種科學的著作，莫過於馬克思撰於1859年的《政治經濟學批判獻言〈序言〉》（*Preface to the Contribution to the Critique of Political Economy*），在〈序言〉中馬克思說到：

　　　在人們從事社會的生產中，必然進入特定的、不受其意志左右的關係裡。這種

關係可稱為生產關係，它與其物質生產
力的一定發展階段相對稱。這些生產關
係的總體建構了社會的經濟結構，也就
是實質的基礎。在此基礎之上矗立著法
律的與政治的上層建築，並且有與實質
基礎相配稱的特定意識形態存在。物質
生活的生產方式截然地決定社會的、政
治的與知識的生產過程。……在發展的
某一階段上，社會的物質生產力與現存
而又彼此協作的生產關係——生產關係
的法律表述為財產關係——發生衝突。
就生產力發展的形式來說，這些現存的
生產關係，變成「阻礙進展的」桎梏。
於是社會革命爆發的時刻到來。隨著經
濟基礎的變動，整個上層建築或多或少
地快速變動。（Marx 1975: 425-426）❺

這段話可以說是馬克思學說體系的精華
所在，有關馬克思的人性觀、辯證唯物論、
唯物史觀、經濟決定論、科學社會主義，乃

至馬克思的政治學說、革命思想，皆可由此
找出其根據與闡述（洪鎌德 1984：22；
1997a：26）。

從〈序言〉裡可以瞭解，馬克思基本上
係將社會視為一個涵蓋上下兩層的建築物，
其下層是由生產方式（經濟活動）所構成，
包括生產力與生產關係；而上層則包含政
治、藝術、文化、法律……等等，馬克思予
以統稱為意識形態，而且馬克思認為下層建
築的變動必然影響上層建築（洪鎌德 1984：
149-150；1997a：186-187）。至於下層建築
影響上層建築的起因，馬克思認為是生產力
與生產關係產生衝突所致。換言之，馬克思
認為，只要生產力與生產關係無法調和，必
然導致整個社會結構產生革命性的變化。

而由生產力與生產關係的衝突，引發馬
克思對於人類歷史發展的看法。在〈序言〉
裡，馬克思指出人類的歷史是由亞細亞的
（Asiatic）、遠古的（ancient）、封建的
（feudal）及現代布爾喬亞等四種生產方式❻

所串成，馬克思本人予以歸類為人類史前史
（prehistory），並且認為布爾喬亞的生產方式
是人類最後的一次衝突（Marx 1975: 426）。
換句話說，馬克思認為，從亞細亞到現代布
爾喬亞社會的人類歷史變遷，都是生產力與
生產關係產生衝突所引起的，而布爾喬亞社
會將是人類歷史最後一次的衝突，只要布爾
喬亞的生產方式一經推翻，共產社會即會到
來，人類也才真正進入有歷史的時代。

　　馬克思的生產力與生產關係衝突導致歷
史變遷的觀點，換個角度來看即是階級鬥爭
史，這是馬克思企圖在上、下層建築之間，
以階級為中介（mediation）而把歷史變遷的
動力由生產力打破既有的生產關係，進一步
改變生產方式而引起意識形態之變化，轉變
到階級的鬥爭之上。所以馬克思在《共產黨
宣言》中早已明示「迄今〔人類〕生存的社
會史是階級鬥爭史」（Marx 1955: 9）。依馬克
思本人的看法，階級的崛起乃肇因於分工及
私產的累積，於是歷史上總不可避免的形成

兩大階級——即直接從事生產活動的被統治
階級與控制生產資料及剩餘產品的統治階級
——間的對抗，例如在奴隸社會是奴隸與奴
隸主間的對抗；在封建社會是農奴與地主間
的對抗；至於在現代布爾喬亞社會裡，則是
普勞階級與資產階級間的對抗（洪鎌德
1984：170；1997a：211）。馬克思並且預
言，普勞階級在與資產階級鬥爭上，必然會
獲得最後的勝利（洪鎌德 1984：177；
1997a：219），沒有剝削、沒有異化現象的共
產社會也必定來臨。

　　從上述的說明可以瞭解，馬克思的普勞
階級鬥爭觀和其唯物史觀與辯證唯物論有很
大的關聯。簡單的說，馬克思是以人類所從
事的經濟生產活動爲基礎，從而導出生產力
與生產關係的衝突將產生整個社會結構的改
變，但是馬克思對於下層建築牽動上層建築
是否爲必然？是否可預知？是否爲命定
（Bottomore 1987: 117）？卻未加以解釋，以
致於後來卻爲恩格斯、普列漢諾夫及列寧等

人所曲解。如恩格斯在1890年於致布洛赫的
信上即認爲馬克思主張的是經濟決定論
（Bottomore 1987: 117）。甚至早在1880年的
《社會主義：空想與科學》（*Socialism:
Utopian and Scientific*）一書中，恩格斯更讚
揚馬克思的此一發現，連同剩餘價值理論，
構成馬克思的重大貢獻，也是科學社會主義
的形成（馬克思、恩格斯 1975：424）。

　　在恩格斯的闡釋下，經濟決定論與科學
社會主義畫上等號，之後更在普列漢諾夫、
考茨基、列寧等人的依循下奉爲圭臬，而演
變爲正統馬克思主義，於是馬克思主義走向
教條化，成爲不可挑戰的唯一法則。及至
1920年代，盧卡奇、寇士及葛蘭西才另闢途
徑，他們共通的特點是擺脫經濟決定論，注
重上層建築的探討，此即西方馬克思主義的
來源。而在拉克勞與穆芙看來，經濟決定論
其實是一種本質論、一元論。因此，經濟決
定論即成爲拉克勞與穆芙批判馬克思主義的
來源，也是拉克勞與穆芙所要解構的目標。

二、結構主義

　　在上一章曾提及後結構主義乃源自於結構主義，而論及結構主義則不能不提到結構主義的先驅索緒爾，因為無論是哲學、語言學或是社會科學的結構主義，乃至於當前蔚為思想主流之一的後結構主義，都和索緒爾的結構語言學有相當程度的關聯，即使本書所要探討的拉克勞與穆芙亦不例外。因此本節即將討論拉克勞與穆芙的學說和索緒爾及其他領域的結構主義，特別是結構主義的馬克思主義（Structural Marxism）和拉克勞與穆芙學說間的關聯。

（一）索緒爾

　　索緒爾的語言學有兩個特色，第一是重語言（langue）而輕言語（parole）；第二是

索緒爾主張同時態（synchronie; synchrony）
而非歷時態（diachronie; diachrony）的研
究。

　　索緒爾認為語言和言語不同，所謂的語
言是社會的產物，是個人運用語言而為社會
所共同總結下來的表達手段系統，所以是一
種社會制度；而言語則是個別的產物，是個
人對於語言機能的運用。因此，對索緒爾而
言，語言學才是語言的研究重點，而語言學
就是一種符號學（高名凱 1990：630）。因此
可以說，在索緒爾的觀念裡，言語不能單獨
地表達意義，只能透過語言脈絡（context）
才能瞭解其真正的意涵。

　　至於同時態與歷時態，則是指語言學的
研究方法而言。所謂的同時態研究是將語言
視為和意義間的一種網絡關係、視為一個體
系整體，因而著重同一時間內各種語言現象
間的相互關係，是一種橫斷面的研究（徐崇
溫 1994a：11），例如一隻汪汪而吠的動物，
為何華語稱之為狗，英語稱之為dog，德語稱

之為Hund，而法語稱之為chien（洪鎌德1997b：41），即是一種同時態的研究。而歷時態則是著重語言在歷史上的演進，是縱面研究（徐崇溫　1994a：11），例如英文的thither（到那裡）為何會演變為there；hither（到這裡）為何會演變為here，就是歷時態的研究。

　　索緒爾之所以排斥歷時態的研究，是因為歷時態研究將語言當成是一種命名過程，是物與詞的統一。索緒爾則認為詞與物之間的連結，是簡單的操作，是虛妄不實，所以索緒爾主張語言學符號所統一的，不是詞與物，而是概念和它的聲音——映像（徐崇溫1994a：8），如索緒爾說到：「語言符號的統一體不是事物，也不是命名，而是概念和聲音——映像，而聲音——映像不是物質聲音，也不是單純的物理事物，而是聲音的心理烙印，是心理烙印才使我們感知」。所以索緒爾認為聲音——映像是一種感知，我們之所以能夠稱呼某物，就是因為這種感知與抽象的

概念共同作用的結果（Saussure 1966: 66）。

　　為了論證符號是概念和聲音──映像的
統一，索緒爾以能指（signifier）代表聲音──
映像（如上文所示例的狗），而以所指
（signified）（如汪汪而吠的動物）代表抽象概
念，索緒爾認為符號就是藉由能指到所指的
意指作用（signification）過程而形成的，而
意指作用有兩個重要原則即任意性（arbitrary）
與直線性（linear）。所謂的任意性是能指與
所指之間的結合並無道理可言，是約定成
俗，是社會習慣所認定；而直線性是指時間
因素，即能指只是因時間而取得空間地位。
換句話說，能指是各種聲音──映像的不斷
湧現，只能由時間系列來衡量，而與空間沒
有直接關聯（Saussure 1966: 67-70；高名凱
1990：632-633；徐崇溫 1994a：8-11）。

　　然而意指作用有一個重要的先決條件，
即價值。價值指的是能指與所指在語言體系
中與其他能指或所指的關係和差異（高名凱
1990：637）。換言之，索緒爾認為意指作用

之所以能夠使能指與所指結合，而不會產生
指鹿為馬的情形，就是價值使得某一組的能
指與所指和其他的能指與所指產生壁壘分明
的效果（Saussure 1966: 110）。

　　從以上的說明可以瞭解，索緒爾本人之
所以被稱為結構主義之父，而其語言學理論
被稱為結構語言學的主要理由在於，索緒爾
認為人的理性有一種先驗的結構能力，在意
識中支配人的行為，所以由此可以認定，一
種由人類行為所構成的社會現象，不論其表
面如何，都蘊含一定的結構在支配其性質和
變化（徐崇溫 1994a：12）。所以從語言和言
語的關係來看，索緒爾認為，言語是受語言
所制約。換句話說，言語只是表面上的顯
示，語言則是深層先驗的結構（洪鎌德
1996：54）；而從符號間的關係來看，個別
符號只能在整個符號體系裡，才能顯現其意
義。因此總結的說，索緒爾的結構語言學認
為語言是能指與所指所串連的一種符號體
系，而言語或符號只能在符號體系裡展現其

價值，凸顯其意義。

　　索緒爾的結構語言學觀點，不但開創了語言學研究的新觀點，日後並爲結構主義者所師法而運用於其他領域，如李維史陀（Claude Lévi-Strauss 1908-）運用結構的觀點研究人類學，認爲親屬關係如同詞結合爲句的關係一樣，都是一種表層結構，內部其實仍受親屬結構所支配；拉岡（Jacques Lacan 1901-1981 ）則運用結構的觀點從事精神分析研究，將人（主體）的無意識（unconscious）視同爲語言結構（即深層結構）（李又蒸 1994：232），而將人（主體）的意識活動視爲表層結構；至於阿圖舍則把結構主義與馬克思主義結合，開創了結構主義的馬克思主義學派。

　　然而隨著後結構主義的興起，索緒爾的結構語言學卻成爲後結構主義者的批判對象，如後結構主義先驅德希達即批判索緒爾的結構語言學是「聲音中心主義」（Phonocentrism），仍然企圖以一個中心建構

其理論（李樾1986：18）；而拉克勞與穆芙
則認為索緒爾以價值來鞏固符號間的差異，
其實是另一種本質論傾向，也是一種封閉的
結構觀點（Laclau & Mouffe 1985: 112-
113）。

　　儘管拉克勞與穆芙批判索緒爾的結構主
義，可是拉克勞與穆芙的理論基本上仍是承
襲自索緒爾，如拉克勞與穆芙運用索緒爾對
於符號的闡釋來說明主體認同的形成、將主
體視為索緒爾的能指詞等等（Laclau &
Mouffe 1985: 113），在在都顯示了索緒爾對
於拉克勞與穆芙的理論提供部分的理論架
構，除此之外也顯示拉克勞與穆芙的理論和
結構語言學的不可分割性。

（二）阿圖舍

　　阿圖舍的學說是西方馬克思主義者當
中，最為特殊的一位，因為他既反對唯心傾
向論點的人道主義的馬克思主義（Anderson
1976: 39；徐崇溫 1994b：642），又反對列

寧、史達林的經濟決定論觀點。因此，其學
說就是以批判人道主義與正統馬克思主義的
觀點為起點，而以回復科學的馬克思主義面
貌為目的。

　　阿圖舍於1918年出生於阿爾及利亞，
1936年進入巴黎高等師範學校（Ecole
Normale Superieure）預科學習，1939年通過
會考而進入該校文學院，但該年正值德國入
侵法國，阿圖舍遂入伍服役，但於1940年為
德軍所俘，直至戰後才被釋放，並回到巴黎
高等師範學校就讀，1948年在哲學家巴歇拉
的指導下，提交博士論文，此後即留校任
教，並且在這一年加入法國共產黨
（Kurzweil 1980: 35；徐崇溫 1994a：49-50；
1994b：606）。

　　阿圖舍之所以加入法共，有其自我認知
的一面，另外也是環境使然。在自我認知方
面，阿圖舍認為在社會學意義上，法國共產
黨是工人階級的政黨；而在環境方面則肇因
於阿圖舍所就讀的學校，有四分之一的學生

是法國共產黨的黨員，再加上1945年至1947
年間，法國共產黨頗獲法國民眾的支持，❼
因而促使阿圖舍選擇加入法國共產黨。然而
阿圖舍儘管加入法國共產黨，卻與法國共產
黨的關係在1960年代以後即呈現衝突不斷的
情況，例如在科學與意識形態議題上，阿圖
舍堅決認為科學毋需仰賴經驗事實，但這種
看法正與法共中央的看法相異；再如阿圖舍
所成立的學習小組，不但在思想上批判法共
中央，甚至在行動上受到中共「文化大革命」
的影響，企圖接管法共的大學生組織，結果
法共中央將學習小組的六百名成員開除黨
籍。此外，在無產階級專政及左派聯盟議題
方面，阿圖舍與法共中央也是意見分歧。因
此可以說，阿圖舍自1960年代開始，即與法
共中央呈現貌合神離的關係（徐崇溫
1994a：50-52）。

　　而阿圖舍反對人道主義的馬克思主義的
主要原因在於西方馬克思主義自其奠基者盧
卡奇、寇士及葛蘭西開始，即認為黑格爾的

哲學才是馬克思學說的源頭活水，因而引發
往後的西方馬克思主義者，如法蘭克福學
派、存在主義的馬克思主義（Existential
Marxism）學派等，拒絕接受恩格斯對於馬
克思學說的詮釋（Anderson 1976: 60），轉而
探討馬克思與黑格爾之間的關聯，因而致力
於上層建築的探討。但阿圖舍則認為將馬克
思與黑格爾牽連在一起，基本上是一種資產
階級哲學、是一種唯心主義哲學（Kurzweil
1980: 47; Althusser 1990a: 25）。

　　依據阿圖舍的認知，馬克思的學說是一
種科學，他是以布爾喬亞的科學知識體系、
政治——經濟學體系及意識形態體系來批判
布爾喬亞的道德與司法及政治——經濟
（Althusser 1990b: 4）。既然馬克思的學說是
一種科學，因此阿圖舍反對人道主義者將馬
克思的學說和形而上學結合，他認為要建立
馬克思學說的科學原則，必須有一套科學方
法，所以阿圖舍藉由拉岡的精神分析，得到
佛洛伊德（Sigmund Freud 1856-1939）「依據

癥候的閱讀」（symptomatic reading）❽的概念，並且從其老師巴歇拉那裡借用「在認識論上的決裂」的概念，認爲馬克思的學說的確存在「在認識論上的決裂」（Kurzweil 1980: 42；徐崇溫 1994b：616）。

依阿圖舍個人的看法，馬克思的著作可以歸類爲四個階段並且有其個別的含意存在。首先，第一階段是1840年到1844年，阿圖舍將之歸類爲早期著作，其中包括馬克思的博士論文、《巴黎手稿》及《神聖家族》（*The Holy Family*）等；第二階段則是1845年，阿圖舍將其歸類爲馬克思的著作呈現科學與意識形態決裂的分界點，其中主要著作包括〈費爾巴哈提綱〉（*Theses on Feuerbach*）及《德意志的意識形態》（*The German Ideology*）；第三階段則是自1845年到1857年，阿圖舍認爲這個階段的著作是馬克思的過渡期，主要的著作包括《資本論》（*Das Kapital; Capital*）的第一卷、《共產黨宣言》、《哲學的貧困》（*The Poverty of*

Philosophy）、《工資、價格與利潤》（*Wage,
Price and Profit*）等等；而自1957年至1883年
馬克思去世為止的這段期間，阿圖舍則將之
歸類為成熟的馬克思（Althusser 1990a: 33-
35），而成熟的馬克思之著作則有《政治經濟
批判》（*The Critique of Political Economy*）、
《資本論》及〈哥達綱領批判〉（*Critique of
the Gotha Programme*）等等。

　　阿圖舍之所以將馬克思的學說分期歸
類，主要的原因在於阿圖舍反對人道主義的
馬克思主義者將馬克思的學說唯心化。阿圖
舍認為，人道主義的馬克思主義者對於馬克
思學說的詮釋，是以青年馬克思的著作為論
述依據，將馬克思與黑格爾連結在一起，認
為青年馬克思顛倒黑格爾的唯心主義，而走
向費爾巴哈（Ludwig Andreas Feuerbach
1804-1872）的唯物主義（Althusser 1990a:
35）。因此，人道主義的馬克思主義者，主要
在從青年馬克思的著作中，尋找馬克思與黑
格爾的關聯。但阿圖舍認為，青年馬克思的

著作，除了《巴黎手稿》之外，馬克思並未和黑格爾有極大的關聯。❾因此，阿圖舍認為，青年馬克思嚴格說來，不是一位黑格爾主義者，反而是與康德（Immanuel Kant 1724-1804）及費希特（Johann Gottlieb Fichte 1762-1814）有極大的關聯，然後再轉變成為費爾巴哈的擁護者（Althusser 1990a: 35）。至於阿圖舍對於教條（正統）馬克思主義的批判，其實是與批判人道主義的馬克思主義站在相同的批判基礎上。換句話說，阿圖舍認為教條的馬克思主義與人道主義的馬克思主義犯了同樣的錯誤，亦即認為馬克思顛倒了黑格爾的辯證法。

阿圖舍認為教條主義的馬克思主義受到黑格爾的影響，因而在根本上即曲解了馬克思學說的本意，只將社會存在的各種矛盾簡單的化約為資本家與勞動階級間的矛盾（Althusser 1990a: 104）。阿圖舍認為，即使馬克思本人提過二十次黑格爾的辯證法是意識辯證，而其辯證法是著眼於物質的辯證

（Althusser 1990a: 107），但這並不表示馬克思
主張的是經濟決定論。因此，阿圖舍從「依
據癥候閱讀」中體認出，馬克思的結構觀絕
對不是著眼於經濟決定論的線性因果觀，相
反的，馬克思所主張的是結構因果觀，只是
馬克思本人未加以系統的表述罷了（徐崇溫
1994b：625）。

　　基本上阿圖舍對於馬克思結構觀的理解
乃是延續葛蘭西的看法，這是因為葛蘭西認
為馬克思將社會結構區分為上、下兩層建築
在根本上即忽略了國家的角色，也就是忽略
了政治在社會結構中的作用。葛蘭西認為，
國家一方面對於經濟生產起了決定性的作
用，但在另一方面，國家卻又依賴思想上、
文化上與觀念上的優勢以掌控人民（洪鎌德
1996：46）。因此，葛蘭西主張應該將政治從
上層建築裡獨立出來，而介於經濟（下層建
築）與意識形態（上層建築）之間，而阿圖
舍原則上延續葛蘭西將社會結構劃分為意識
形態、政治與經濟三大因素的看法，但與葛

蘭西不同的是,阿圖舍消融了政治與意識形態間的界限,因為阿圖舍認為政治已經無法決定彼此之間的關係,正好相反的是,政治已為意識形態所吸納,而成為意識形態的一部分(洪鎌德 1996:46)。

　　有了阿圖舍對於社會結構的描述概念之後,即可進一步瞭解阿圖舍何以將馬克思的結構觀視為是結構的因果觀。其實阿圖舍所謂的結構因果觀就是「多層次決定」(overdetermination 或可譯為「多重決定」)。❿而所謂的多層次決定係指在同一運動當中,最後事例(經濟)既是起決定作用,同時也是被社會形構中的各個層次所決定(Althusser 1990a: 101)。換言之,阿圖舍認為經濟不再是唯一的決定,上層建築同時也具有部分的決定作用。因此可以說,阿圖舍擺脫了機械式的決定論觀點,從而賦予上層建築有相對自主性(relative autonomy)的地位(Althusser 1990a: 111)。

　　從以上說明可以瞭解,阿圖舍對於馬克

思主義的詮釋之所以被稱為「結構主
克思主義」，其原因在於阿圖舍將馬克思的學
說視為一個結構整體，而決定結構體變化的
並非由單一層級所決定，而是多層次決定的
結果。但是阿圖舍後來卻又修正其觀點，認
為馬克思主張經濟是最後事例的決定（Seung
1982: 117; Laclau & Mouffe 1985: 98）。因
此，對於拉克勞與穆芙而言，阿圖舍的看法
無疑的又回到經濟決定論，所以阿圖舍即與
教條馬克思主義一樣，成為拉克勞與穆芙的
批判焦點。

三、後結構主義

後結構主義脫胎自結構主義，其目的在
「解構」結構主義。「解構」（Deconstruction）
一詞源自於德國現象學（Phenomenology）與
存在主義（Existentialism）大師海德格

（Martin Heidegger 1889-1976）的「分解」
（Destruktion; destruction）概念，海德格使用
「分解」一詞的原意，係在指出概念在歷史進
程中，難免有被遮蔽而出現偏差，所以分解
就是要翻掘、揭示概念，尋找其系譜，追尋
其起源（徐崇溫 1994a：203；楊大春
1996a：75；1996b：46）。日後法國的哲學家
兼文學理論家德希達，依據海德格的觀念，
在1960年代，開始使用「解構」一詞，並自
1970年代以後即向法國以外的國家，如英
國、美國與日本等國發展，而蔚為一股時代
思潮（李樾 1986：18）。但是德希達的解構
雖然是從海德格那裡獲得啟發，可是德希達
不同於海德格的是，德希達承認概念偏差的
存在，而且不打算重拾概念的原始意義（楊
大春 1996a：75；1996b：46）。

　　而後結構主義由於日益擴展的結果，不
但影響哲學與文學，更向社會科學及其他領
域蔓延，拉克勞與穆芙即是運用後結構主義
的觀點來解釋社會現象的學者，在眾多的後

結構主義者中，對於拉克勞與穆芙影響較大
的，無疑是德希達與傅柯，所以本節即要探
討拉克勞與穆芙和德希達及傅柯之間的理論
關聯。

（一）德希達

　　法國哲學家及文學理論家德希達於1930
年出生於阿爾及利亞首都阿爾及爾的一個猶
太家庭，在法國完成高等教育後，即擔任法
國高等師範學院教職，曾於1956年至1957年
前往美國哈佛大學任訪問學者，並先後又任
約翰·霍普金斯（John Hopkins）大學及耶魯
（Yale）大學的訪問教授，1960年至1964年任
教於法國巴黎大學索爾朋（Sorbonne）校
區，1965年起任法國高等師範學院哲學史教
授，現在則是法國社會科學院研究員，並兼
任美國加州（California）大學客座教授（楊
大春 1996a：67；1996b：60）。

　　德希達的解構雖然是以結構主義為批判
的目標，但實際上是針對西方傳統的「邏各

斯」。西方哲學思想中最早提出「邏各斯」概
念的是古希臘哲學家赫拉克里圖（Heraclitus
540-480 BC），而赫拉克里圖的邏各斯概念有
兩個意涵，一方面它係指自然界深藏的不變
規律；另一方面則是指探尋此一規律的理性
認識。然而在古希臘的用法當中，邏各斯更
為根本的含意是「言說」，其詞源為 *legein*，
也就是「說」的意思。所以在海德格的看法
裡，邏各斯其實就是一種「言談」（Rede），
只是整個西方哲學都誤解了邏各斯的根本意
義，將其解釋為概念、理性、判斷等等（楊
大春 1997a：120-121）。

德希達贊同海德格的看法，認為整個西
方傳統哲學都賦予邏各斯優先的地位（楊大
春 1997a：122），而在語言學裡，邏各斯的
呈現就是一種「語言中心主義」。所謂的聲音
中心主義是指語言優先於書寫（writing）而
言（楊大春 1996a：73）。換句話說，書寫只
是聲音的附屬，是聲音的邊緣。

德希達認為這種聲音中心主義與邏各斯

一樣，同是西方形而上學（metaphysics）歷
史的共犯，因為西方哲學從柏拉圖（Plato
428-347 B.C.）開始，歷經亞里斯多德
（Aristotle 384-322 B. C.）、盧梭、黑格爾乃至
於索緒爾及胡賽爾（Edmund Husserl 1859-
1938），皆以中心建構其哲學思想，因而形成
排斥者／被排斥者、中心／周邊、善／惡等
二元對立現象存在，所以德希達認為聲音中
心主義即是另一種邏各斯，是「絕對的『想
聽自己說話』」，所以賦予聲音特權，凡不符
合聲音的都在排除之列。德希達這種思考的
主要目的在強調由於邏各斯與聲音中心主
義，已經造成形而上學主宰一切的局面，人
因此也失去自由，所以解構就是要解除這種
聲音結構的宰制，恢復人的自由（李樾
1986：18-19；楊大春 1996a：73）。

　　德希達對於聲音中心主義的批判，始於
1967年所發表的三本著作──《書寫與差異》
（*Writing and Difference*）、《聲音與現象》
（*Speech and Phenomena*）及《論書寫學》（*Of*

Grammatology），在這三本著作裡，他批判了胡賽爾的語言現象學理論（phenomenological theory of language），因為在胡賽爾的語言現象學理論裡，認為真正的語言是一種「表述」（expression），只能借發聲者（utterer）的發聲（utterance）來傳遞，因而是一種「我」（I）的哲學觀（Harland 1987: 125）。

　　另外，德希達也批判索緒爾的結構語言學及其他結構主義者，例如他批評索緒爾的聲音——印象只能藉由時間因素來衡量，無異強調聲音優先於書寫。他也批評索緒爾與李維史陀以為書寫破壞自然和諧，從而將書寫等同於暴力的不當（楊大春 1997a：123；125-127）；除此之外，他更批判結構主義的中心觀點，從而認為整個結構概念的歷史，只是中心的不斷取代，而現在的中心，只是存有（being）的在場（presence）顯現罷了（Derrida 1978: 279）。因此，德希達轉而強調書寫先於說話，藉書寫來破除聲音中心主義，甚至對傳統的形而上學展開「去中心」

（decenter）的工作。

德希達之所以強調書寫先於說話，至少
有兩個理由，一是在強調空間；二是恢復隱
喻（metaphor）的地位。而這兩個理由都與
聲音中心主義有莫大的關聯。

先就第一點而言，德希達認為如果內心
的聲音只能在時間裡產生作用，即無法在空
間取得其位置（Harland 1987: 127）。換句話
說，德希達打破了索緒爾的語言直線性觀
點，不認為語言符號只是能指與所指之間的
時間作用，而是強調語言符號的空間，所以
德希達提出分延（différance或譯為延異）的
概念。分延是德希達合併區分（differ）和拖
延（defer）兩字而自創的語彙，前者是指空
間距離，後者則含有時間上的延誤之意。德
希達使用這個辭彙在表明任一符號都只是區
分和延擱的雙重運動（徐崇溫 1994a：216；
楊大春 1996b：34-35），所以是兼具時間與
空間，而不是如索緒爾所言的，只由時間所
決定。因此，德希達認為只有書寫才是自我

充分的語言，因為它享有充分的空間
（Harland 1987: 127），並且也考慮了時間的因
素。

　　其次就隱喻地位的恢復而言。所謂的隱
喻是指事物的差異，暗示轉換與改變的可能
性，並對意義與法則的絕對性提出質疑
（Ryan 1982: 4）。如果以詞或概念來表示，則
隱喻係指一個詞或概念與其他詞或概念的類
似性或可替代性（李幼蒸 1994：216），例如
形容女子容貌之美，可喻之為「閉月羞花」，
亦可以「沉魚落雁」形容之。而語言既然是
一種直接的表述，因而在聲音中心主義之
下，當然不容許隱喻的存在，所以充滿隱喻
的詩歌、文學作品，即一直遭受排斥，甚至
從柏拉圖到黑格爾，在理性主義（rationalist）
的傳統看法裡，認為理想國度應遵循理性原
則，不能憑空杜撰，所以也在抗拒隱喻。但
德希達認為，哲學作品與文學作品相同，皆
依賴隱喻，都是虛構而成的（楊大春
1997a：132-134）。因此，德希達指出整個西

方形而上學的歷史其實就是隱喻與轉喻
（metonymy）史（Derrida 1978: 279）。

　　由於德希達強調書寫的重要性，因此他
除了以書寫來解構聲音中心主義外，也以書
寫對於西方傳統的認同（identity）觀點及形
而上學展開解構的工作，在這方面德希達提
出了塡補（supplement）、未定（undecidability）
及文本（text）等幾個重要概念。

　　首先就塡補而言，在西方傳統的形而上
學裡，視差異（difference）源自於認同，是
一種內部的二元對立（dual oppisitions），但
在德希達的看法裡，差異實際上存在於認同
之外，與認同是彼此相關、相互塡補的，所
以德希達認爲差異塡補的運動，才是形而上
學的原初（origin）（Ryan 1982: 10-11）。如果
將塡補的概念予以衍生，則德希達所眞正要
表述的是任何事物或認同的建構並沒有一個
原始法則、沒有基礎存在，而將認同的建構
視爲「在場」（presence）（認同）與「不在場」
（absence）（差異）的共同作用，例如善的在

場是與不在場的惡所共同建構，而惡既然非源自善的內在（inside），所以在場與不在場換個角度來看即是認同的內在與外在（outside）（Ryan 1982: 11-15）。而德希達將這種差異填補運動，亦即一個中心取代另一個中心、一個認同取代另一個認同的過程，稱之為「痕跡」（trace）（Ryan 1982: 26）。

其次就未定而言，未定指的是不完全（incomplement）。德希達認為傳統的形而上學所設想的中心預設了超越立場，即在消弭內在與外在的區別（Ryan 1982: 16）。但從差異填補可以瞭解，德希達反對傳統形而上學的主張，而強調內在與外在是同時存在，彼此牽連。因此，認同也好，符號也罷，任何事物的建構不是由單一法則或基礎所能獨力完成，而是不可見、不可知的差異填補作用所形成，更由於差異填補涉及空間與時間的雙重運動，也就造成事物的建構是處在不定或不完全的狀態。

最後就文本而言，文本一般是指按語言

規則而結合成的語句組合體，它可以短至一句話，也可以長至一本書。另外，語句組合體的不同層次結構，也可以稱之為文本（楊大春 1994b：27-28）。然而對於德希達而言，文本不是語言客體，也非事物的命名，它所指涉的是不連續的語言因素（符號）間的差異關係所產生的同質概念意義。換言之，德希達的文本概念擺脫了語言是一種命名過程的看法，從而賦予文本生命，因此德希達的文本不全然是物質取向，也保留部分的沉思冥想。並且，文本也標示著在指涉（reference）過程中，內在與外在的一種交織狀態，所以它不能僅由內在的觀念本質或外在的空間、歷史、物質來理解（Ryan 1982：22-23），因此也就無所謂的本質或中心。

　　從上述的說明可以瞭解，德希達係將結構語言學與西方傳統的邏各斯等同起來，視其為一種聲音中心主義，是一種本質論，所以德希達藉由強調書寫的重要性，一方面批判聲音中心主義將聲音視為第一位的看法，

另一方面則是批判結構主義只考慮時間的觀
點。因此簡單的說,德希達的解構是要打破
聲音中心主義,所以強調書寫的重要性,而
藉由書寫的強調,引伸出任何符號的出現不
僅需考慮時間,也必須考慮空間,而既然符
號的出現是時空分延的結果,所以其出現是
不定的、偶然的,並且符號的意義非由某一
個本質、中心所賦予,而是在場與不在場相
互作用所賦予。因此,符號的意義只能在不
同的文本裡探究,從而符號獲得解脫、獲得
自由。

　　然而德希達的解構不能視為完全反對結
構,毋寧說其結構是一種文本結構,暫時有
一個中心,但隨時都有被取代的可能。所
以,德希達的解構目的是要解除中心與邊緣
的隸屬關係,再進行「接木」、「補遺」等工
作,以建構新的關係,但因為這個新關係又
會形成新的中心——邊緣關係,所以必須再
解構。因此,解構是一種動態的轉換運動,
而非一種虛無 (李樾 1986:21)。

（二）傅柯

　　傅柯與德希達對於傳統哲學的解構有其同異之處，其中相同的是對傳統哲學從事解構的工作，而相異的是相對於德希達以書寫來解構傳統哲學，傅柯展現另類的解構方式，他主要是透過歷史來檢驗人類的知識源起及權力的配置，從而解構傳統哲學。另外，傅柯與德希達之間最大的差異之處，在於德希達反對索緒爾的結構語言學，但傅柯縱然對結構語言學有所批判，可是並非站在完全反對的立場（Harland 1987: 155）。

　　傅柯出生於1926年，第二次世界大戰後，就讀於法國高等師範學院，曾先後獲得哲學、心理學及心理病理學學位。傅柯於畢業後曾在精神病院觀察心理醫療情況，並留校任教心理病理學課程，其後於1955年至1958年轉任瑞典烏普沙拉（Uppsala）大學法文系教師，1958年前往波蘭任法國協會（The French Institute）主任，1959年調赴德國漢

堡，在漢堡期間以一本探討精神病的論文獲
得法國國家博士學位。❶1960年以後，傅柯
受聘爲法國克萊蒙費朗（Clermont-Ferrand）
大學哲學系主任，1970年則受聘爲法蘭西學
院講座教授，主講歷史與思想體系，而於
1984年病逝於巴黎，享年五十八歲（黃道琳
1986：23）。

　傅柯學說所涉及的主題，主要在探討西
方思想史中將人本身化爲「對象」的過程、
方式、技巧與後果。換句話說，傅柯的學說
是在探討人自我「客體化」的問題，但是傅
柯雖然提出問題，可是卻沒有提出解決之
道，原因在於傅柯不相信有一勞永逸的解決
方法，而且他也不想使其學說成爲另一套知
識系統的消極對象（梁其姿 1986：18-20）。
換言之，傅柯與馬克思一樣，不願其學說成
爲一種教條主張。至於傅柯的研究方法雖然
使其近似於一位歷史學者，但其學說所呈現
的，實際上又兼具知識考古學者
（archaeologist）及權力系譜學者（genealogist）

的身分，所以其學說基本上可以從知識考古
及權力系譜兩個層面來探討。

　　傅柯知識考古學者的身分，可從其對於
人類知識的源流探討說起，其考古的觀點，
是重新發現一些為人類思想所捨棄、忽略與
遺忘的領域（Harland 1987: 102），其中所涉
及的對象即是言說❷（Frank 1992: 109）。至
於傅柯權力系譜學者的身分，則主要表現在
傅柯對於權力的探討與分析（Harland 1987:
155）。

　　傅柯之所以認為知識是一種言說，來自
於兩個根源，一是與西方傳統的科學發展認
知有關；另一則是回應結構語言學關於言說
的看法。

　　首先就西方對於科學發展的觀點而言，
西方傳統觀點認為科學的進展是直線發展，
是由觀念所發動，然而傅柯與阿圖舍一樣，
反對事物（things）的真實（truth）是一種觀
念、反對科學的發展是由觀念所發動。但是
傅柯與阿圖舍不同的是，阿圖舍認為西方科

學的發展是由其他方式所引導（Harland
1987: 101），而傅柯卻拒絕阿圖舍的看法，認
爲人類的思想史並沒有目的論（teleology）
的存在，只不過是由一種認識（Épistémé）
轉換爲另一種認識罷了（Harland 1987:
106）。傅柯的這種看法與德希達的中心不斷
替換的觀點頗爲類似。

　　其次就結構語言學對於言說的看法而
言，傅柯主要是反對結構語言學者將言說視
爲結構的一部分。結構語言學者的這種看法
和李維史陀將神話（myths）的研究與結構語
言學結合有關。李維史陀認爲神話並非一些
獨立的符號，而是類似於句子，是一個自我
包含的系列（self-enclosed series）。由於李維
史陀的闡釋，致使日後一些結構主義者將言
說視爲結構的一部分，只是一個句子的最小
構成部分，因而促使傅柯從事言說的分析
（Frank 1992: 101-102）。

　　針對科學的發展與結構主義的看法，傅
柯在《知識考古學》（*The Archaeology of*

Knowledge）一書中提到：

> 簡而言之，思想、知識、哲學、文學的
> 歷史，似乎已被找尋及發現愈來愈多的
> 不連續性；另一方面歷史本身似乎應放
> 棄是由許多事件突然的進入穩定的結構
> （Foucault 1972: 6）。

由上述的引文可以瞭解，傅柯認為一個
概念、一個辭彙，乃至於一個事件本身等
等，其意義並非延續的歷史所賦予，並且也
不為歷史結構所支配，而只是散落在歷史長
河中的個別現象，化為個別的言說。

傅柯將概念、事件等等化為言說的目的
與德希達相同，是在解構並重新建造結構，
他將結構稱之為言說形構（discursive
formation）的原因，即在拒斥結構是由某些
法則所建構的看法。然而傅柯雖然否認結構
是由某些法則所建構，但這並不表示言說形
構是雜亂無章的狀態，相反的，傅柯認為言
說形構有其秩序存在，正如傅柯在《事物的

秩序》（*The Order of Things*）一書中所指出的：「它（秩序）沉默的等待，當需要它發聲時，即會出場展現自己」（Frank 1992: 105）。

如果再從《知識考古學》一書來看，這個秩序所呈現的其實是一種「規律性的分散」，而依據傅柯的觀點，這種規律性的分散所指涉的是客體、形式、概念與主題沒有一致的基礎，拉克勞與穆芙則認為它同時也可以說是差異的位置關係（Laclau & Mouffe 1985: 106）。若以符號學的角度來解釋，就是指每一個符號所占的位置，只是索緒爾以價值來鞏固符號的地位，而傅柯否認價值的存在，從而賦予符號自主的地位。

而在權力的解析方面，傅柯對於傳統權力理論的批判，主要以三個主題為中心，第一個主題是批判法理理論的權力觀；第二個主題是批判權力壓抑說；第三個主題則是批判權力將知識扭曲為意識形態（蘇峰山 1996：101）。

　　基本上傅柯對於權力的解析與批判，是以反駁古典權力理論為起點，例如傅柯認為國家並非權力運作的中心，不是權力的絕對與最高來源，權力關係反而是無所不在的；另外，傅柯認為壓抑並非權力的本質，相反的，權力是生產的；除此之外，傅柯也質疑傳統權力理論將權力與知識視為對立的看法，認為權力與知識是直接相互包含的（蘇峰山 1996：110-111；117；121）。

　　簡單的說，傅柯認為權力或壓迫並非單純的來自一個政權或政府，而是權力與知識結合後，成為社會組織裡的普遍現象（梁其姿 1986：18），如傅柯在《權力／知識》（*Power／Knowledge*）一書中所說的：

> 知識與權力是相互結合在一起，並且不用夢想知識會停止依賴權力。……，權力的運作不可能沒有知識，而知識不可能不產生權力（Foucault 1980: 52）。

　　所以在社會裡可以隨處看到權力與知識

結合的痕跡，例如精神病科醫師有權決定誰
是正常人、教師有權決定處罰學生等等，即
使在性方面，也可以發現知識與權力的結
合。因為傅柯認為身體的原初權力在尋求愉
悅，就是因為尋求愉悅，所以才有欲望，也
才會使用身體（Harland 1987: 160），但是傅
柯認為當代的歐美社會，雖然對於性的探討
不少，也造就一些所謂的專家，也形成所謂
的「性的科學」（science of sex），可是這些
看法卻把性視為一種懺悔、告誡（confession）
（黃道琳 1986：32），因而無異是一種壓抑而
非解放。

　　歸結的說，傅柯對於權力的解析，主要
在說明權力不是一種負面的壓抑形式，而是
一種積極的擴張形式（Harland 1987: 159）；
另外傅柯也在表明優勢權力（sovereign
power）並不存在（Rouse 1994: 100），所以
權力是無所不在。因此，如果以權力來觀察
政治，則可以說政治不能僅限於一般的階級
關係，相反的，它深入家庭、學校、親子及

性關係裡。而從這裡也可以看出傅柯對於馬克思將權力關係簡單的化約爲階級關係的質疑（Harland 1987: 161; 166）。

　　從傅柯及德希達的論述可以發現，傅柯與德希達的觀察對象雖然不同，方法上雖然也有差異，但兩人的結論卻是類似，亦即結構沒有中心，也沒有本質。如果將其論點予以轉換，可以發現後結構主義的理論其實饒富政治與社會意義，例如後結構主義將符號從深層結構的桎梏中解放出來，從而賦予符號自主的地位，這種看法無疑暗示個人應從社會秩序裡尋回自主的地位，因而含有自由主義思想的色彩。另外，文本似乎也暗示著主體的地位並非由深層結構所決定，而是隨主體所身處的關係網絡所決定，從而階級的概念爲後結構主義的論述所消融。而傅柯對於權力的解析似乎也在說明對抗權力是一種全民運動，而非某一階級或集團的歷史使命等等。

　　哲學思想之所以能蔚爲一股時代思潮，

其影響領域必不能僅限於哲學，而必須向其
他領域延伸，拉克勞與穆芙的後馬克思主義
理論就是從德希達與傅柯的學說中獲得啓
發，從德希達與傅柯學說的隱喻，拉克勞與
穆芙予以轉喻而成爲解構馬克思主義的理論
基礎。在以下兩章，將分別敘述拉克勞與穆
芙如何解構馬克思主義，第三章先行敘述拉
克勞與穆芙對於馬克思主義結構觀的看法，
第四章則敘述拉克勞與穆芙對於階級革命所
提出的補救之道。

註　釋

❶雖然拉克勞與穆芙的理論方法大部分來自後結構主義，但是與辯證法也有相當的牽連。關於此部分，請參閱本書第五章第三節。

❷有關馬克思學說的思想淵源，請參考洪鎌德 1984：1-19；1997a：1-23.

❸雖然青年馬克思承續黑格爾的看法，主張異化是人類的一種自我增益過程（洪鎌德 1997d：14；16），但是馬克思與黑格爾關於異化概念的意義，實際上有正面肯定與負面否定的分別。因為對於黑格爾而言，主體本身即有能力處理客體所加諸的異化現象，所以異化具有正面的意義。然而對於馬克思而言，普勞階級對於異化現象似乎沒有自我處理的能力，而必須仰賴先知先覺的共產黨人。因此，青年馬克思與黑格爾雖然都肯定異化對於人類的助益，但從馬克思日後的著作中可以發現，馬克思對於主體能否自我處理異化所持的觀點較為悲觀，並且對於異化採取負面否定的成分較大。

❹「在認識論上的決裂」乃是阿圖舍向其老師巴歇拉（Gaston Bachelard 1884-1962）所借用的一個概念，原來的意義指的是知識及科學的演進。巴歇拉認為孔德（Auguste Comte 1798-1857）將人類進化劃分為神

學、哲學與玄學三個時期，正好與古代、中世紀及現代相符合，但是巴歇拉進一步認為應該將孔德的三階段論擴充為第四個階段，亦即當代，而當代的發展則是從日常知識到科學知識、從日常經驗到科學經驗的決裂與過渡。阿圖舍則將此概念用來劃分科學與意識形態，他認為以理論框架來看，意識形態和科學有質方面的區別，而由意識形態朝向科學發展，即是對意識形態的基本結構做徹底的改變，這種改變阿圖舍即稱之為「在認識論上的決裂」。請參考徐崇溫1994b：615-616.

❺本段譯文參考洪鎌德 1997a：25-26，231-232；1997c：266.

❻馬克思對於人類歷史發展階段的說法並不一致，如馬克思在《德意志意識形態》（*The German Ideology*）一書中主張三階段說，即原始部落社會、古代奴隸社會與中古封建社會，而在〈序言〉中則又指出四階段說。有關馬克思對於各階段的看法，請參考洪鎌德1984：153-165；1997a：190-206.

❼法國共產黨之所以能夠在戰後初期獲得民心，與法共在納粹（Nazi）德國占領法國期間，積極抵抗納粹的入侵有關，尤其在1940年，貝當（Philippe Pétain 1856-1951）的維希（Vichy）政府與納粹德國簽訂和約之後，法共即開始與納粹展開地下游擊戰的反抗活動。請參閱楊碧川 1992：450-451.

❽所謂的「依據癥候的閱讀」在佛洛伊德與拉岡的用法

裡，是對人的無意識的一種分析。佛洛伊德認爲，夢
境的產生，其實是一種複雜的無意識和一種隱藏的結
構癥狀。據此，拉岡認爲，沒有說出來的東西與看得
見的東西同樣重要。而阿圖舍借用這個概念主要在說
明，一種學說的理論框架，往往是複雜的、矛盾的，
所以對於一種學說理論的探討，不能僅由表面的文字
進行解讀，而必須深入其無意識的境界，將理論的空
白、沉默的部分，從深處拖出來。請參閱徐崇溫
1994b：614-615.

❾其實馬克思的博士論文、《黑格爾法哲學批判》
（*Critique of Hegel's Philosophy of Law*），甚至《德意
志意識形態》、《神聖家族》等著作，都涉及黑格爾
哲學或對青年黑格爾門徒之批判。所以阿圖舍的看法
實爲其本人之失誤。

❿「多層次決定」（overdetermination; surdetermination），
也是阿圖舍借自佛洛伊德有關精神分析學裡的概念，
在精神分析學裡，所謂的多層次決定係指許多原因同
時產生作用而引起的精神病。

⓫傅柯的博士論文經修訂後，以《瘋狂與文明》
（*Madness and Civilization*）爲題出版。請參考黃道琳
1986：23.

⓬「言說」（discourse）一詞取自拉丁文的discursus，其
動詞爲discurrere，意思係指「來回跑著」（run hither
and thither）。它指涉的是一種發聲（utterance）或談
話的長短，在法文裡，它則是指一種閒談（chat;

chinwag）、自由交談（free conversation）、即興
（improvisation）、揭露（expose）、敘述（narration）、
結論（peroration）、語言（language）或言語（parole）
等等。請參閱Frank 1992: 99-100.

第三章
言說形構與言說主體

　　馬克思主義的發展雖然分爲東、西兩大陣營，即以前蘇聯爲首的正統馬克思主義和西方的馬克思主義，但這些馬克思主義學說的內涵，基本上仍屬於西方傳統哲學思想中唯物與唯心觀點的爭辯，如正統馬克思主義受到恩格斯、普列漢諾夫、考茨基等人的影響而主張經濟決定論，因而是一種唯物觀點，至於西方的馬克思主義固然是百家爭鳴，但自盧卡奇、葛蘭西、寇士著重上層建築的探討開始，西方的馬克思主義乃不可避免的走向唯心主義。然而不論是唯物抑或是唯心，歸結到最後卻都帶有濃厚的本質論色彩。

　　所謂的本質（essence）、本質論（本質主義）❶都是哲學上的概念，而且本質和必然性（necessity）及規律性（regularity），可以視爲是同等程度的概念。

　　本質是中世紀亞里斯多德的解釋者們取自亞里斯多德的概念，而對於本質概念的各種闡述即是本質論。到目前爲止，對於本質

的看法至少有四種：第一種是柏拉圖的形式
本質論，認爲形式就是本質，物理對象只是
形式不完善的摹本；第二種則是把事物的定
義或描述視爲本質；第三種則是亞里斯多德
的看法，他認爲事物的定義即是本質，而其
解釋者則認爲本質指涉的是一種不變的、沒
有時間性的可能存在；第四種則是洛克
（John Locke 1632-1704）的看法，他將本質
區分爲實在本質與名義本質，前者是指未可
知的事物屬性，後者則是可知的事物屬性。

　　本質概念雖然有四種不同的看法，但簡
單的說，本質指的就是事物的根本性質。至
於馬克思主義者，特別是正統馬克思主義
者，除了將本質視爲事物的根本性質之外，
也認爲本質是構成事物的各種必要要素之間
相對穩定的內部聯繫，是由事物本身所包含
的特殊矛盾所構成。❷

　　由於正統馬克思主義者將物質視爲社會
結構的本質，無疑是唯物本質論，而西方的
馬克思主義者雖著重意識形態方面的探討，

但無形中卻也陷入唯心本質論的立場。然而
無論是唯物也好，唯心也罷，都屬於西方傳
統哲學思想中的邏各斯，都是一種中心論。
因此，在後結構主義的啟發之下，拉克勞與
穆芙乃運用後結構主義的方法對馬克思主義
進行解構的工作，企圖打破唯物或唯心的本
質論色彩，重新賦予馬克思主義新的解釋觀
點。

　　拉克勞與穆芙對於馬克思主義普勞階級
革命理論的解構與重建，可以分成四個主要
部分，一是在社會結構觀方面，以言說形構
替代馬克思主義的社會結構觀；二是在革命
主體方面，以言說主體替代馬克思主義的階
級主體觀；三是在革命策略方面，以民主革
命替代馬克思主義的階級革命觀；第四在社
群觀方面，則是以「激進與多元民主政治」
（radical and plural democracy，或可譯為「根
本的與多元的民主」）取代馬克思主義的共產
主義社群觀。換言之，拉克勞與穆芙將馬克
思主義的經濟──階級──階級革命──共產

社會的理論模型，轉換爲言說形構
（discursive formation）——言說主體
（discursive subject）——民主革命——激進與
多元民主政治的理論模型。因此，這四個部
分其實是相互牽連，不可分割的，但爲了敘
述起見，本章筆者先行探討言說形構及言說
主體，至於民主革命部分則留待下一章再行
討論。

一、馬克思主義所面臨的難題

在上一章筆者已大略指出馬克思本人將
社會視爲一個涵蓋上、下兩層的建築物，並
且指出馬克思本人認爲下層建築的改變會引
發上層建築的變動，另外筆者也敘述了馬克
思的這種看法，日後爲恩格斯等第二國際人
士援引爲馬克思主張經濟決定論的依據。而
這種經濟決定論的觀點，就是馬克思主義被

視爲唯物本質論的主要原因，同時也是馬克
思的理論學說無法解釋當代的資本主義現象
而面臨的難題所在。

然而，除了經濟決定論呈現理論上的窘
境之外，馬克思的階級理論也同樣呈現困窘
的局面，這是因爲馬克思的階級理論和其唯
物史觀與辯證唯物論有極大的關聯，歸結言
之，即是馬克思本人強調經濟，並以經濟爲
其立論基礎所導致的結果。

馬克思的階級觀點可以從兩個層面來界
定，一是以生產關係層面來界定；二是以生
產資料及財產之擁有與否來界定。但是無論
是以生產關係或是以生產資料及財產之擁有
與否來界定，結果卻是一致的，因爲在馬克
思的認知裡，係將階級遶分爲有產與無產兩
大階級（洪鎌德 1984：169-170；1997a：
210；Edgell 1993: 3）。例如馬克思在《巴黎
手稿》中提到：

　　在政治經濟學本身的基礎上，以它自己

的話說，我們已經看到勞動者淪為商
品，而且的確變為最卑微的商品；勞動
者的卑微和其生產的力量及數量成反
比。競爭的必然結果，就是資本累積於
少數人手中，而且也就是更為可怕的壟
斷形式的回復，並且最後資本家與地
主，類似的農人與工廠勞動者之間的區
分消失了，整個社會必然地劃分成兩大
階級——有產階級與沒有財產的勞動階
級（Marx 1977: 66）。

另外在《共產黨宣言》中，馬克思也提
到：

然而，我們的時代，布爾喬亞階級的時
代，有一個特點：它使階級的對抗簡單
化。社會整體逐漸區分為兩大敵對陣
營、逐漸區分為兩個彼此對立的階級，
即布爾喬亞階級與普勞階級（Marx &
Engels 1955: 10）。

　　馬克思將社會劃分為兩大階級的看法，並非馬克思本人突發奇想的發明，而是以工業生產方式為其立論依據，並且兩大階級之所以會成為敵對，其中的關鍵則在於利潤與經濟上的生存競爭（Edgell 1993: 3）。因為馬克思認為工業生產方式的資本累積過程與結果，不但蘊含著資本主義自我毀滅（self-destructive）的本質，而且造成普勞化（proletarianization）的現象。而這種普勞化的現象，不僅表現在社會，如普勞階級人數愈來愈多；表現在工作，如機器生產造成異化；並且表現在政治上（Edgell 1993: 5-7），如馬克思認為有產階級擁有生產工具與財產，享有高度的獨立與自由，且經常是社會中發號施令的權力者，常與統治階級的利益一致，因而也可視為統治階級的一環，而無產階級因為無法擁有生產工具及財產，所以只能受制於人，故而淪為被統治階級（洪鎌德 1984：169-170；1997a：210）。因此，政治上的普勞化，就是普勞階級政治意識的形成。

　　但是馬克思認為普勞階級政治意識的形
成必須由自在階級（class in itself）意識轉換
為自為階級（class for itself）意識，才是真
正的政治意識的形成，其中的關鍵則有賴於
共同利益（common interest）的形成，如他
在《哲學的貧困》一書中即提到：

> 經濟條件首先轉換群眾成為勞動者，而
> 資本家的優勢為這個階級造就共同處境
> 與共同利益，然而這個與資本家相關聯
> 的群眾階級，還不是一個自為階級，
> 〔只有〕在鬥爭中，這個群眾聯合在一
> 起，並且形成自為階級，他們所捍衛的
> 利益才變成階級利益（Marx 1973:
> 195）。

　　總而言之，馬克思的階級觀念是以資產
階級社會的生產方式為基礎，強調資本累積
過程與生產工具的擁有是資產階級與普勞階
級形成的重要因素，而在資產階級掌控一切
社會資源的情況下，普勞階級必然在捍衛共

同利益的情況下，形成階級意識，從而與資產階級展開階級鬥爭與階級革命行動。

　　由於馬克思以物質做為界定階級的基礎，再加上馬克思對於上、下層建築間的互動又被恩格斯等第二國際者解釋為經濟決定論。因此，即使馬克思本人曾說過階級間的鬥爭是政治鬥爭（Marx 1973: 195），但是在經濟決定論的陰影下，不免使人認為馬克思主張的是經濟鬥爭，而且經濟就是鬥爭的唯一場域所在。所以將經濟決定論與階級理論合併來看，馬克思主義所呈現的難題即是過分強調經濟至上的結果，不但導致唯物本質論的色彩過於濃厚，並且在階級對抗觀點上，過於重視經濟層面的對抗，而忽略了政治與意識形態的鬥爭。

　　相較於馬克思以經濟為界定階級的基礎，並且相較於第二國際機械式的經濟決定論，列名西方馬克思主義開創者之一的葛蘭西則提出不同的看法。葛蘭西認為，19世紀末到20世紀的前二十年，普勞階級革命之所

以在西歐各國失敗的主因，與統治階級透過
國家機器以掌握意識形態有關。因此，西歐
各國的國家機器，並不單純只是統治階級行
使武力或強制力的工具。相反的，葛蘭西認
為西歐各國的國家是以「教育者」（educator）
的姿態行使統治權，藉由法院、學校、教
會、社團組織等各種管道模塑被統治者，以
使被統治者臣服其統治（Gramsci 1992: 258;
260）。因此，普勞階級革命在西歐各國失敗
的原因，在於統治階級控制了普勞階級意識
的形成。所以葛蘭西主張由知識分子喚起普
勞階級的階級意識，與統治階級爭奪領導
權，藉以完成普勞階級革命。

　　葛蘭西對於階級意識的探討，是以國家
掌控意識形態為出發點，因而對於葛蘭西來
說，探討意識形態的問題轉而成為探討國家
的角色問題（Bergesen 1993: 6），但是葛蘭西
以意識形態探討階級的問題，其中暗示著一
個觀點，即階級主體意識的消融。換句話
說，在統治階級利用國家機器掌控意識形態

的情況下，普勞階級將逐漸喪失階級意識，
所以必須藉由知識分子的宣導，才有可能喚
起普勞階級的階級革命意識。

　　葛蘭西的看法在1960年代由阿圖舍所延
續並加以深入發揮。阿圖舍運用索緒爾結構
語言學的觀點，將能指詞轉化為個人；所指
詞轉化為個人所處的社會位置，並將意識形
態視為深層結構，於是阿圖舍認為，個人表
面上所處的社會位置，其實是受到意識形態
的深層結構所制約（Bergesen 1993：7；洪鎌
德 1996：53）。

　　阿圖舍認為，每一個社會形構，為了延
續其生命，必須要再生產（reproduce）其現
有的生產條件，而為了使現有的生產條件能
持續進行，就必須進行生產力與現有的生產
關係的再生產（Althusser 1971: 128）。然而
阿圖舍認為，生產力與生產關係的再生產，
其實是由意識形態所掌控，尤其在意識形態
國家（Ideological State）裡更是如此
（Althusser 1971: 132-133; 148-149）。這種看

法表示阿圖舍係將國家視為一種統治設施
（apparatuses或譯為「機器」），而將國家設施
分成兩種形態，即馬克思主義的國家設施與
意識形態的國家設施（即西歐各工業發達國
家）。他認為馬克思主義的國家設施是一種壓
制，是以暴力為建構基礎；而意識形態的國
家設施，則是以意識形態為建構基礎，運用
教會、教育、家庭、法律、政治、文化、工
會等等機構或組織統治民心（Althusser 1971:
140-145）。因此，意識形態可以說是提供個人
存在的真實條件，是一種印象關係
（imaginary relationship）的再現（representation）
（Althusser 1971: 162-163）。所以阿圖舍說到：

> 只要所有的意識形態有塑造具體個人為
> 主體的功能，則主體的類別只能由所有
> 的意識形態所建構（Althusser 1971:
> 171）。

從以上的說明可以瞭解，阿圖舍與葛蘭
西同樣認為階級主體是由意識形態所塑造而

成，但阿圖舍更深入的認為意識形態是一種
再現，而非永久固定。這是因為阿圖舍認為
在意識形態國家裡，統治階級必須同時掌握
國家權力與領導權，才有掌握意識形態的可
能（Althusser 1971: 146）。而由西歐各工業
發達國家皆藉由選舉轉換國家權力控制權的
情況來看，即可瞭解阿圖舍將意識形態視為
再現的原因。

　　然而葛蘭西與阿圖舍的觀點，未為朴蘭
查所接受，因為朴蘭查認為，國家設施並沒
有區分階級的功能，但是朴蘭查肯定國家設
施對於階級的再生產的延伸，有推波助瀾之
力（Poulantzas 1978a: 28）。例如朴蘭查將國
家視為階級關係的聚合體（Bergesen 1993：
12；洪鎌德 1996：57），認為國家對於社會
階級的再生產，及對於階級主體在社會中找
尋其適當位置扮演著特殊的角色（Poulantzas
1978a: 83）。

　　朴蘭查雖然不贊同葛蘭西與阿圖舍的看
法，但也不同意經濟（生產關係）決定階級

主體的觀點（Poulantzas 1978a: 14; 1978b:
71）。朴蘭查主張，眞正的結構是由經濟、政
治與意識形態三個脫掛（脫鉤）（dislocation）
的斷層所組成（Poulantzas 1978b: 90）。所
以，階級主體的形成，也是由經濟、政治與
意識形態所決定（Poulantzas 1978a: 14; 1978b:
70）。

　　然而朴蘭查即使主張階級不是由經濟或
意識形態所能片面決定，而是由經濟、政治
與意識形態所共同決定，但是由朴蘭查對於
國家角色的重視來看，國家應該是共同決定
的場域所在，原因在於朴蘭查認爲在當代的
資本主義國家，經濟、政治與意識形態這三
者之間，由於階級的經濟優勢必須透過國家
才能展現，而國家又是政治與意識形態的結
合（Bergesen 1993: 12；洪鎌德 1996：57），
所以國家即成爲經濟、政治與意識形態交互
作用的場域。

　　另外，朴蘭查認爲馬克思是以實踐（革
命）來界定階級（Poulantzas 1978a: 14），但

是從馬克思的階級鬥爭觀點可以得出兩個平
行論述：一是經濟鬥爭；另一則是階級鬥
爭。並且依據馬克思的看法，經濟鬥爭是生
產關係裡主體之間（普勞階級與資產階級）
的經濟鬥爭，可是嚴格說來，經濟鬥爭並非
階級鬥爭。至於政治鬥爭則是工會鬥爭，可
以使普勞階級由自在階級轉變為自為階級，
所以是一種階級鬥爭（Poulantzas 1978b: 73-
74）。而且，朴蘭查認為，馬克思係將政治的
階級鬥爭視為社會關係裡的特別層級，它實
際上包含經濟鬥爭、政治鬥爭與意識形態鬥
爭在內（Poulantzas 1978b: 75-77）。所以，朴
蘭查主張，馬克思真正的革命觀是一種階級
鬥爭，而這種階級鬥爭就是政治鬥爭。

　　從葛蘭西歷經阿圖舍再到朴蘭查，可以
感受到西方（新）馬克思主義者對於馬克思
主義變革的企圖，這種變革主要有三點，第
一是經濟決定論的捨棄，強調上層建築對於
經濟仍有制約的功能，尤其重視國家在當代
資本主義社會所扮演的角色。換言之，探討

國家相對自主性（relative autonomy of the
State）的問題取代了經濟決定論，而成爲西
方（新）馬克思主義討論的重點；第二，經
濟決定論的捨棄，也代表以經濟界定階級觀
點的捨棄，轉而強調階級是由意識形態或是
由意識形態、政治與經濟所共同決定；第
三，將國家視爲決定階級的場域，無異將國
家視爲階級鬥爭的戰場，因而政治鬥爭取代
了經濟鬥爭，成爲階級鬥爭成敗與否的關
鍵。

　　儘管葛蘭西、阿圖舍與朴蘭查試圖賦予
馬克思主義新的解釋觀點，然而在拉克勞與
穆芙的觀點裡，葛蘭西等人的看法都不足以
解釋階級主體的形成，也不足以說明整個社
會的構成因素，所以拉克勞與穆芙即要消融
馬克思，乃至於要消融葛蘭西、阿圖舍與朴
蘭查等人對於結構的看法。而在拉克勞與穆
芙的解釋之下，社會結構則被言說形構所取
代，而言說主體則成爲革命主體形成的原
因。換言之，在拉克勞與穆芙的看法裡，整

個社會的建構並非馬克思所說的是由上、下
兩層建築所構成,也不是葛蘭西、阿圖舍及
朴蘭查所解釋的是由經濟、政治和意識形態
所構成,而是消融為言說,成為言說與言說
之間的關係體系。

二、言說形構

　　拉克勞與穆芙的言說形構觀點,主要在
重新建構馬克思主義的革命主體觀與社會形
構觀,其原因在於拉克勞與穆芙認為馬克思
主義的社會結構觀與革命主體觀是一種封閉
的、帶有本質與必然的結構觀點,是政治、
經濟與意識形態等組成因素間的一種勉強的
縫合(suture)。
　　「縫合」一詞不是拉克勞與穆芙所首創,
而是借自拉岡的心理分析(Psychoanalysis)
概念。拉岡使用「縫合」一詞的原有含意係

指在言說鎖鏈（chain）的基礎上，主體的形
成是在表述主體和異己（Other）並非相互一
致或調和。❸換句話說，一個符號或認同本
身並不預設差異存在，所以古典哲學預設
「善」本身存有「惡」是一種謬誤。因此，拉
岡與德希達的看法類似，主張符號或認同的
形成是因為外在差異的存在，而使得符號或
認同取得暫時的固定。

　　拉克勞與穆芙則認為拉岡的「縫合」概
念事實上是一種雙重運動。首先是米勒
（Jacques-Alain Miller）所指出的，縫合指涉
的是主體在言說鎖鏈裡的一種結構替代
（stand-in），是結構匱乏（lack）所造成的結
果。其次則是海斯（Stephen Heath）認為縫
合是一種結構填補（filling-in）。而結構替代
與結構填補其實是一體的兩面，因為結構如
果處於組成因素匱乏的狀況下，則須另覓組
成因素以為替代，因而這種替代無異即是一
種填補。❹所以拉克勞與穆芙認為，如果結
構是一種縫合，則只能是取代而非決定。因

此，馬克思的下層建築總是決定上層建築的
說法不能成立，同樣的，階級由經濟所界定
的看法也無法成立（Laclau & Mouffe 1985:
47-48）。

在上一節裡筆者曾提到，雖然西方（新）
馬克思主義者曾致力擺脫馬克思主義的理論
困境，但是拉克勞與穆芙以爲西方（新）馬
克思主義者的看法仍然無法解決馬克思主義
所面臨的難題，因爲西方（新）馬克思主義
者對於社會形構與階級主體形成的看法，依
然是決定論的觀點，而這也是拉克勞與穆芙
企圖以言說形構取代馬克思主義社會結構觀
點的最大理由。

言說形構實際上包含兩個概念意涵：一
是在說明社會是由衆多的言說形構所構成，
拉克勞與穆芙予以統稱爲言說形構；另一則
是陳述主體的認同，也就是言說主體。在理
解層次方面，雖然可以明確分辨兩者的關
係，可是因爲兩者擁有相同的建構過程，所
以在敘述上難以做嚴格的區分，但爲力求分

辨其與馬克思主義和西方（新）馬克思主義
者在社會形構與階級主體觀點上的不同，而
且先瞭解言說形構的建構有助於瞭解言說主
體，所以在本節擬將焦點置於言說形構的探
討上，而言說主體則留待下一節再予探討。

　　基本上拉克勞與穆芙所統稱的言說形
構，其實是在說明社會裡的個人及集團或團
體之間的形成與相互之間的關係結構，而以
結構語言學中抽象的個別符號來隱喻社會裡
的個別主體，另外將個別符號所集結而成的
共同體視爲是一種言說或言說形構（Laclau
& Mouffe 1985: 111；張榮哲 1995：126），
並用以隱喻社會裡的各種集團或團體。因
此，在這種隱喻之下，個別符號與言說形構
的關係，即是在描述個人與社會集團或團體
的關係，而言說形構與言說形構之間的關
係，則可視爲是社會裡集團或團體之間的關
係。

　　而相對於德希達以書寫來解構聲音中心
主義，傅柯以知識及權力來解構人類的知識

結構與權力結構，拉克勞與穆芙則是運用結構語言學的符號來解構馬克思主義的社會形構觀點。換句話說，就是以結構語言學的觀點來隱喻實際的社會現象。因此，筆者即以符號形成為起點來敘述拉克勞與穆芙如何建構其言說形構，而這也是拉克勞與穆芙的後馬克思主義理論被稱為「符號學馬克思主義」的原因。至於在重新建構的方法與概念方面，則主要得自後結構主義者，例如拉克勞與穆芙將德希達的文本概念等同為傅柯的言說形構、承續傅柯「規律的分散」概念等等即是。而整個社會結構經由拉克勞與穆芙重建之後，則成為一個沒有最後中心、沒有最後本質的言說形構。

在上一章筆者曾提到索緒爾認為符號係由能指與所指的意指作用所形成，但是索緒爾的意指作用原來是一種任意的、直線性的，亦即能指與所指之間並無優先順序，都能使意指發揮同樣的作用。可是結構語言學經由李維史陀等人應用、詮釋的結果，卻改

變了原有的風貌，這種改變最明顯的莫過於
強調能指的優先性（徐崇溫 1994：14）。換
言之，能指成為第一順位，所指卻淪為能指
的附屬。

　　然而能指成為第一順位的結果，卻引發
一個重要的問題。因為依照索緒爾的原意，
能指與所指之間本來是一種任意與直線的結
合，並且預設了價值的存在以鞏固符號間的
差異，但是賦予能指優先地位後，能指反而
只能在符號的價值結構中與固定的所指相結
合，否則符號的價值無法顯現，而會產生符
號意義錯亂的現象。因此，能指表面上擁有
自主地位，但實際上卻失去自主性，只能在
符號結構中尋找與其配對的所指，因而索緒
爾的意指作用最後竟成為一對一的對映作
用。另外，如果符號真的是索緒爾所指出
的，是能指與所指之間任意的結合，這也暗
示著能指與所指有隨時脫節的可能（張榮哲
1995：126），所以拉克勞與穆芙的言說形構
觀點，不但是以恢復能指的自主性為起點，

而且也在凸顯能指和所指的任意及脫節現象。為了能充分理解言說形構的建構過程，不妨先從個別的言說形構如何形成做為探討對象。

關於個別言說形構的建構，拉克勞與穆芙首先界定組成要素（element）、接合（articulation）❺、環節（moments）與言說（discourse）等幾個概念，拉克勞與穆芙說到：

> 我們所稱呼的接合，係指在組成因素之間建立一種關係的任何實踐，因此認同的意義修改（modify），是接合實踐的結果。由接合實踐所產生的結構整體，我們稱之為言說。在言說裡完成接合的各種差異位置，我們稱之為環節。相反地，我們所稱呼的組成因素，是指尚未形成言說接合的各種差異（Laclau & Mouffe 1985: 105）。

拉克勞與穆芙上述的四個概念，其中組

成因素即是索緒爾結構語言學符號概念中的
能指，而能指彼此之間因為接合關係所座落
的空間位置稱為環節，也就是索緒爾結構語
言學裡的符號。至於環節所集結的體系即是
言說或言說形構（張榮哲 1995：126-127）。
而這四個概念也就是言說形構的建構層級。

　　然而與索緒爾明顯不同的是，索緒爾對
於符號的建構，強調的是能指與所指之間的
意指作用，亦即能指與所指的接合是任意的
並且具有時間上的直線性。但是拉克勞與穆
芙對於符號的建構所強調的卻是能指之間的
一種接合，而且拉克勞與穆芙雖然也認為這
種接合是任意的，可是拉克勞與穆芙更為強
調的是空間位置。換句話說，拉克勞與穆芙
對於符號建構的看法與德希達一致，認為符
號的建構兼具時間與空間，不是單由時間所
決定。

　　除了上述四個概念之外，拉克勞與穆芙
還指出一個重要概念，即言說必須座落在比
其更大的空間或場域裡，拉克勞與穆芙稱呼

這個空間或場域為「言說場域」（field of discursivity）（張榮哲 1995：127）。而所謂的言說場域，依據拉克勞與穆芙的看法，是言說形構外部的「意義的剩餘」（surplus of meaning），其作用不但在提供言說存在的條件，同時它也決定任何客體（object）必然是言說，並且說明任何特定的言說不可能完全縫合（Laclau & Mouffe 1985: 111），而且言說場域還不時地對言說形構進行顛覆（subversion）（Laclau & Mouffe 1985: 113）。

　　瞭解組成因素、接合、環節、言說形構與言說場域這幾個概念的意義之後，即可進一步探討言說形構的建構過程。

　　首先拉克勞與穆芙認為，在言說場域裡，散布著無數的能指，而這些無數的能指是處於漂浮不定的狀態，因而是「漂浮不定的能指」（floating signifier）（Laclau & Mouffe 1985: 113）。但是當漂浮的能指為了支配言說場域，即會接合其他能指，並藉由「節點」（nodal points）的掌握，以節點為中

心，固定彼此的位置，也就是形成環節，從
而建構一個共同體。所以拉克勞與穆芙指
出：

> 任何言說的建構都企圖支配言說場域、
> 捕捉各種差異、建構一個中心。我們即
> 將這個部分固定的優勢言說點稱為節點
> （Laclau & Mouffe 1985: 112）。

所以單就個別言說形構的建構過程來
看，言說形構建構的原因在於能指為了支配
言說場域，因而與其他能指接合並掌握節點
以形成環節共同體之後，才有言說形構建構
的可能。

然而在這裡有一個問題產生，亦即依據
結構語言學的觀點，言說形構裡的任何符號
概念，基本上有其自身的認同，那麼是什麼
原因使得這些符號概念集結為共同體，也就
是形成為言說？拉克勞與穆芙認為，這個原
因在於節點發揮了「同值」（equivalence）效
應，將這些環節轉換為同值鎖鏈（chain of

equivalence），因而使得這些環節彼此之間的差異得以相互抵消，而能夠異中求同。如拉克勞與穆芙舉例說到，殖民國之所以能夠統治語言、風俗、服飾、膚色等等各方面具有極大差異的各個殖民地，其原因就在於殖民國藉由權力的使用。若將這個例子轉換為言說形構的理論架構，則殖民國就是企圖掌握節點的能指，而殖民地就是為能指所接合而融入言說形構裡的環節，至於權力則是同值作用。因此，言說形構裡的環節，雖然彼此之間有差異認同存在，但是在同值效應之下，彼此之間的差異卻相互抵消，轉而認同言說形構（Laclau & Mouffe 1985: 127）。

但是拉克勞與穆芙指出，能指與能指之所以接合集結成為言說，並非有一必然的法則所促使（Laclau & Mouffe 1985: 120），相反的，能指之間的接合是一種任意或偶然（contigency）的接合，所以拉克勞與穆芙說到：「它〔接合〕是一種言說的實踐，對於分散的接合組成要素，沒有一個預先的或外

在的建構計畫」(Laclau & Mouffe 1985: 109),「必然只有作為任意場域的部分限定才有存在的可能」(Laclau & Mouffe 1985: 111)。另外,由於能指具有漂浮不定的特性,而且能指之間既然是偶然與任意的接合,所以這種言說的實踐接合即暗示隨時有脫掛(dislocation)的可能(張榮哲 1995:127;洪鎌德 1996:114)。因此,任何言說形構的建構,不是強制性的,也不是必然的,如果一定要涉及必然,則言說形構裡各個環節的相對固定位置才是真正的必然所在(Laclau & Mouffe 1985: 114),但是這種必然仍然必須與言說形構任意偶然的建構形成相互限制、相互牽制才能凸顯意義。

上述對於言說形構的建構,只涉及言說形構的內在建構過程,然而對於言說形構的外在世界不能予以忽略,因為拉克勞與穆芙一再強調言說場域會不時地企圖顛覆言說形構。所以一方面言說形構必須阻止言說場域的顛覆,另一方面言說形構又必須穩固自

身。因此，言說形構與言說場域之間的關係
即是一種無法調和的緊張關係，拉克勞與穆
芙即將這種緊張關係稱為敵意（antagonism）
（Laclau & Mouffe 1985: 125）。並且，拉克勞
與穆芙認為，就是因為敵意的產生，使得言
說形構的邊界形成前線效應（frontier），從而
標誌言說形構的內部與外部（Laclau &
Mouffe 1985: 129）。

　　言說形構的內部是能指到環節從而形成
共同體的建構過程，至於言說形構的外部，
拉克勞予以稱為「塑造的外力」（constitutive
outside），並且認為塑造的外力限定（block）
❻內在的認同（Laclau 1990: 17）。穆芙則解
釋說，「塑造的外力」這個概念，乃參考自
德希達的「填補」、「痕跡」（trace）與「分
延」等概念，而這個術語的使用，主要在肯
定差異是認同建立的先決條件，如果放在集
體認同上來觀察，也就是區別「我們」
（We）、「他們」（Them）的界限（Mouffe
1995: 104-105）。

　　這個塑造的外力，換個角度來看，其實就是異己（Laclau & Mouffe 1985: 125），也就是德希達所強調的「不在場」。換句話說，拉克勞與穆芙贊同德希達的看法，主張社會裡任何集體認同的建構不是純粹的內在沉思或外在的刺激，而是內在與外力交互作用的結果（Laclau & Mouffe 1985: 111），也就是內在與外力這兩個無法調和的緊張（tension）關係，才是言說形構形成的原因。

　　因為言說場域裡漂浮的能指係藉由節點的掌握，不斷接合其他的能指而集結為言說，所以就是因為節點，才使得言說有建構的可能，也因為節點不但使得言說形構內的能指，得以依據其所座落的空間位置建立自己的認同，同時標示出彼此的差異，而且節點也使得言說形構與言說場域之間，得以標示出涇渭分明的界限。但是因為能指一方面是處於漂浮不定的狀態，得以任意進入或退出某一個特定的言說，亦即能指與能指的接合隨時都有脫掛的可能；另一方面言說又時

常面臨言說場域的顛覆。所以，在言說形構內，任何的認同皆處於暫時穩定的狀態，隨時有面臨瓦解的可能，而言說形構內的任何一個認同一經瓦解，則言說形構亦無法存在。因此言說形構的建構沒有一個最後的本質或中心存在，而是一種任意或偶然的接合。所以言說形構的第一個特質即是不承認必然，而是主張結構的開放性、主張必然與偶然、內在與外力的共同作用。

　　言說形構的第二個特質則是拉克勞與穆芙肯定言說形構帶有物質特性。關於此點，拉克勞與穆芙以維根斯坦在「語言遊戲」中，所舉的蓋房子為例來說明，維根斯坦說到：

　　A正在以石材（building-stones）造屋，石材則有石塊（blocks）、石柱（pillars）、石板（slabs）及石樑（beams）。B必須遵照A的命令，傳遞A所需要的石材。為了完成任務，他們所

使用的字即包含石塊、石柱、石板、石
樑,當A叫出它們〔其中之一〕時,B就
必須傳遞他所學過的石材予A(Laclau
& Mouffe 1985: 108)。

拉克勞與穆芙認為,維根斯坦的這個例
子,其實就是一種言說,而這也是言說帶有
物質特性的證明(Laclau & Mouffe 1985:
108)。

拉克勞與穆芙之所以要以維根斯坦的語
言遊戲來強調言說具有物質特性,主要有兩
個目的,第一是在反駁葛蘭西與阿圖舍,因
為葛蘭西認為主體認同乃肇因於意識形態,
由於葛蘭西的看法影響了阿圖舍(Mouffe
1979: 188),所以從葛蘭西到阿圖舍,都將認
同化約為是上層建築的概念(Laclau &
Mouffe 1985: 109)。❼換句話說,葛蘭西與
阿圖舍的主體認同走向唯心論,所以拉克勞
與穆芙強調言說的物質特性,除了在反駁葛
蘭西與阿圖舍之外,更賦予言說調解唯心/

唯物對立的意義（Rustin 1988: 158）。

　　第二，調解唯心／唯物對立從另一方面來看，即是打破思想（thought）／實體（reality）的二分（dichotomy）。因爲眞實的實體無法產生矛盾（contradiction），所以社會關係若以實體的觀點來分析即排除矛盾的存在（Laclau & Mouffe 1985: 110）。但是從維根斯坦的語言遊戲裡可以發現實體也是一種言說，所以拉克勞與穆芙不希望在衝突的認識論上有唯心／唯物、思想／實體上的區別。換句話說，拉克勞與穆芙認爲，衝突發生的原因，不能單由物質面或意識形態方面來思考，所以拉克勞與穆芙冀望由言說來統攝人類至今在物質面或思想方面的所有認識。這也是拉克勞與穆芙主張不要區分言說／非言說（non-discourse）／超越言說（extra-discourse）（Laclau & Mouffe 1985: 107; 110）的原因。因此，對於拉克勞與穆芙而言，言說既非純粹唯心傾向，亦非純粹唯物傾向，而是走向心物合一。

　　至於言說形構的最後一個特質則是，言
說形構的建構雖然沒有最後的中心、本質，
但這並不表示言說是一種散亂的狀態，相反
的，言說形構的秩序正是傅柯所指出的，是
一種規律性的分散（Laclau & Mouffe 1985:
105）。換句話說，在言說形構裡，每一個符
號或認同都有其位置，但其位置非由某種必
然的因素所掌控，而是彼此間的差異關係所
形成（Laclau & Mouffe 1985: 106），而座落
於言說形構裡。因此，言說仍然有中心存
在，也就是拉克勞與穆芙所指稱的節點，只
是這個中心並非恆久固定，只要能指脫掛或
在言說場域的顛覆之下，隨時都有解體的可
能。

　　總結來說，言說形構打破了馬克思辯證
式的社會結構觀，摒棄本質論色彩，轉而強
調社會結構的建構沒有必然的本質，而是一
個開放而不完全建構的整體，只是不斷的接
合──解組──接合……的解構、建構運動，
所以社會形構的建構不是任何形式的決定

論，而是一種中心不斷轉換的取代論。而由
言說的概念出發，也可以得出階級主體並非
由經濟或意識形態決定的論點。因此，在下
一節中，將探討拉克勞與穆芙如何以言說的
概念來解構馬克思主義的階級主體觀。

三、言說主體

　　普勞階級革命可以說是馬克思學說的理
論核心之一，也是馬克思本人在世時所致力
完成的理想，往後的馬克思主義者，尤其是
正統馬克思主義者如考茨基、列寧、托洛斯
基（Leon Trotsky 1879-1940）、盧森堡（Rosa
Luxemburg 1871-1919）等人，更以完成馬克
思的階級鬥爭為首要目標，因而在20世紀初
期，掀起歐洲大陸風起雲湧的革命風潮，但
結果卻都以失敗收場。及至1917年，馬克思
的主張才在俄國實現。可是諷刺的是，俄國

在當時相較於西歐各國，並非工業先進國
家。另外，再證諸俄國革命成功後，其領導
者所實行的措施與馬克思的學說做一比較，
更加無法證明他們是馬克思學說的實踐者，
因而俄國的革命與其說是普勞階級革命的實
現，毋寧說是俄國共產黨人推翻沙皇體制上
的成功，而對於俄國人民而言，也只不過是
一個極權體制取代另一個極權體制罷了。

　　俄國的革命嚴格說來雖然不是普勞階級
革命的實現，但的確給予馬克思主義者莫大
的鼓舞，因而自1918年起，即在南歐、東歐
發動一連串的罷工行動，並曾在匈牙利建立
短暫的共產政權（楊碧川 1992：314），❽但
是這些革命行動都維持不久即告失敗，因而
引發部分馬克思主義者思考階級革命失敗的
原因，甚至是重新思考階級的界定，如盧卡
奇在《歷史與階級意識》（*History and Class
Consciousness*）一書中即提到：

　　普勞階級的階級意識……，不是由機械

法則（mechanical law）所提升而增進……
……。只有當歷史過程急切地需要它形成
力量，也就是說，當經濟上有劇烈的危
機產生而驅使其行動時，其真正的本質
才能藉此真實的形式（authentic form）
而顯現（visible）（盧卡奇 1989：53-
54）。

因此，對於盧卡奇而言，他雖然不排除
經濟得以賦予普勞階級獲致階級意識，然而
盧卡奇並非機械式的經濟決定論者，而是比
較強調經濟產生劇烈危機時，經濟才有賦予
普勞階級形成階級意識的可能。

至於其他的馬克思主義者，如本章第一
節所提到的葛蘭西、阿圖舍及朴蘭查等人，
也以另一個角度來思考階級的形成問題。

然而階級革命雖是馬克思主義者所竭力
奉行的目標，可是自第二次世界大戰結束以
來，除了戰後初期前蘇聯在中、東歐扶植幾
個共產政權、亞洲的中國、北韓和日後的古

巴、越南、寮國、柬埔寨、非洲的若干國家
等等出現過共產革命之外，產業發達的西歐
並未再有激烈的普勞階級革命運動，❾甚至
西歐產業發達國家，也因為社會多元化的結
果，產生了社會運動多元化的現象，如反越
戰運動、環保運動、反核運動、女性主義運
動、反城市毀滅運動、種族抗議運動等等。
因此，普勞階級革命是否是必然？是否仍應
堅持？即有重新思考的必要，連帶的對於階
級也有重新界定的需要。所以拉克勞與穆芙
即是著眼於當前的資本主義社會情勢，重新
思考階級與階級革命的問題，並且對於馬克
思的階級理論提出新的建構。

　　關於革命主體的形成問題，在拉克勞與
穆芙的早期著作中即有探討，在1977年的
《馬克思主義理論的政治與意識形態》
（*Politics and Ideology in Marxist Theory*）一書
中，拉克勞即反對意識形態決定階級的觀
點，例如阿圖舍將主體的形成視為是意識形
態制約下，主體自我詢問的結果，但拉克勞

質疑主體如何自我詢問（Laclau 1977: 100-
101）？另外，馬克思主義的傳統看法認為階
級鬥爭會塑造階級意識（Laclau 1997: 104），
但是如果社會裡的對抗不是階級對抗，則意
識形態如何塑造出階級的意識形態（Laclau
1977: 107）？因此拉克勞認為：

> 必須接受單靠意識形態因素無法產生必
> 然的階級意涵，並且必須接受這個意涵
> 僅僅是意識形態因素與具體的意識形態
> 言說接合的結果。這意味著，對於一個
> 階級的意識形態本質分析的先決條件，
> 就是要探究意識形態言說在不同實體
> （unity）的建構（Laclau 1977: 99）。

　　換言之，拉克勞認為，主體的形成不是
由意識形態所制約，而是一種接合過程
（Laclau 1977: 160）。從引文中可以瞭解，拉
克勞認為意識形態追根究柢都是一種言說，
與不同實體相互接合。因此，探討主體的形
成不能只從意識形態著手，反而應該從言說

形構來探討主體的形成問題。

　　至於穆芙在〈葛蘭西的文化霸權與意識形態〉（*Hegemony and Ideology in Gramsci*）一文中也同樣質疑意識形態可以塑造主體意識的看法，例如穆芙質疑意識形態如何塑造眞正的主體意識？而在社會不同團體間，又如何形成一致的意識形態（Mouffe 1979: 189-190）？

　　拉克勞與穆芙的早期觀點或質疑，在兩人所合著的《文化霸權與社會主義戰略》一書中，有了更進一步的看法，亦即肯定主體爲言說所建構（Laclau & Mouffe 1985: 120）。然而，主體雖然爲言說所建構，但拉克勞與穆芙對於言說主體的看法實際上有兩個層次，亦即微觀層次與宏觀層次，前者涉及的是言說形構裡個別環節的符號認同，後者所涉及的是個別符號對於集團或團體的認同。

　　微觀層次的符號認同以言說形構的理論框架來說，也就是在上一節所指出的，拉克

勞與穆芙係將言說形構裡能指之間因為接合
所形成的環節視為主體的認同,所以能指集
結所形成的差異環節,也就是主體的一種身
分認定。這是因為任何言說形構的建構企圖
是在言說場域裡掌握節點,所以當某一個能
指掌握節點,接合其他能指而建構言說之
後,其他能指的地位只能以掌握節點的能指
為中心,相對的固定其身分位置,因而使得
言說形構裡,認同與差異之間有了明顯的界
限。

　　例如一位勞動者在家庭的言說形構裡,
是以父親的角色掌握節點,則可以他為中心
界定出父、子的角色;若是在工會組織的言
說形構裡,是以工會領袖掌握節點裡,則可
以他為中心界定出工會幹部、工會會員的角
色;若是在教會組織的言說形構裡,是由神
職人員掌握節點,則他只能是依附於掌握節
點的能指,與其他能指扮演一位虔誠信徒的
角色等等(洪鎌德 1996:110)。所以言說形
構裡的個別主體,對於本身的角色皆能清楚

界定，也瞭解彼此之間所扮演的角色差異。

　　從微觀層次的陳述可以發現拉克勞與穆芙對於符號或認同的看法和結構語言學之間存在極大的差異。因爲在索緒爾的看法裡，符號或認同係由能指與所指藉著意指作用而形成，而使得符號或認同能有明確意義的因素，則是價值作用的結果。但是在拉克勞與穆芙的認知裡，符號或認同產生的原因是異己的存在，也就是某一個能指企圖建構言說而掌握節點，而此一能指於接合其他能指之後，在言說形構裡即形成固定彼此的環節位置，至於使符號或認同之間意義明確的因素，則是彼此之間明瞭差異存在的結果。所以，索緒爾和拉克勞與穆芙最大的不同，在於索緒爾的價值預設了理性，是一種本質論，而拉克勞與穆芙則主張符號或認同之間，差異的相互理解是暫時的、非恆久的，因爲言說形構隨時都有瓦解的潛在危機。

　　至於宏觀層次的認同，則是個別言說主體對於言說形構的整體認同，也就是上一節

所探討的言說形構的內部建構過程。在上一節已經指出，言說形構係透過同值效應，固定言說形構裡的各個差異環節，因而使得環節之間的差異相互抵消，轉而認同比其更大的言說形構，這也是個別主體得以融入言說形構的原因，而這種超越彼此差異所集結而成的共同認同，即是言說主體。如果以一個團體或集團的形成來說明，則一個團體或集團的形成，在於團體或集團的領導者能夠掌握、凝聚團體或集團的成員，其原因就是某種同值意義的作用，如權力、共同利益、共同理想等等，因而致使團體或集團的成員願意與此團體或集團成為休戚與共的共同體。如果將這個舉例以拉克勞與穆芙的術語來說，則團體或集團的領導者，即是掌握節點的能指，集團或團體的成員則是環節，而權力、共同利益或共同理想等等，就是所謂的同值。

　　如果以拉克勞與穆芙對於言說主體形成的看法和馬克思及其他馬克思主義者做一比

較，則可以發現彼此的差別所在，首先，馬
克思本人或其他馬克思主義者是將社會視爲
封閉的形態，從而在這個封閉的空間裡，分
析階級的形成；而拉克勞與穆芙則是強調完
全封閉社會的不可能性，因而賦予主體建構
自身認同的自由。

其次，馬克思或其他的馬克思主義者，
對於階級的區分採用的是二分法，如馬克思
本人係以經濟爲前提，將階級主體的形成遽
分爲普勞階級與資產階級，並且期望透過共
產黨人以喚起階級主體的自我意識覺醒。至
於其他馬克思主義者，也與馬克思有類似的
觀點，如列寧即是。而葛蘭西雖然強調意識
形態對於階級形成的重要，但是仍然強調知
識分子的中介角色。但是對於拉克勞與穆芙
而言，主體的形成並非一刀切式的二分形
態，而是主體與外在的他者相互辯證的結
果。

所以對於拉克勞與穆芙而言，馬克思或
馬克思主義者所強調的階級必然性（本質）

根本無法成立，因為馬克思或馬克思主義者
的看法，是一種制約的觀點，無法說明階級
主體的自主性。所以以言說形構來界定主體
有兩個意涵，首先是以漂浮的能指來恢復主
體的自由與自主性；其次是強調主體只是內
在與外在力量相互間的緊張所形成（Laclau
& Mouffe 1985: 121）。這才是主體認同的真
正根源所在，也才有所謂的認同與異己，從
而矛盾、衝突、對抗的現象方能顯現。

　　另外，從言說形構裡個別主體認同的相
對必然和言說形構建構的偶然，可以得出一
個重要的論點，亦即無論是個別主體的身分
認同或是集體認同，都只能從不同的言說中
探究。拉克勞與穆芙的這種看法即是德希達
文本概念的轉換，因為在德希達的看法裡，
符號只能在書寫中彰顯意義，而一個書寫即
是一個文本，所以對於拉克勞與穆芙而言，
主體的認同只能在特定的言說中獲得其意
義。也就是說，當某一個能指在言說形構裡
產生脫掛，或當言說形構為言說場域所顛覆

時，言說形構的解組必然導致言說主體失去
原有的身分認同。

　　最後筆者必須說明的是，拉克勞與穆芙
的主體觀點雖然有微觀及宏觀兩個層次，但
是拉克勞與穆芙所重視的仍是宏觀層次，也
就是言說主體。這是因為一方面拉克勞與穆
芙認為，個別主體既然是言說形構裡同值鎖
鏈的一個環節，則個別主體即已融入言說形
構，所以個別主體與言說主體之間不會有對
抗產生；另一方面，由於社會間對抗必然以
集體力量才能發揮效果，歷史上所發生的諸
多革命事件即是明證，並且在馬克思的革命
策略裡，所強調的就是集團或團體之間的對
抗，因而對於拉克勞與穆芙而言，言說主體
才是其關注的焦點。

　　從拉克勞與穆芙對於言說主體的論述可
以瞭解，言說主體既然是透過內在與外力的
共同作用所形成，則主體斷不是馬克思或其
他馬克思主義者所說的，可以在封閉的空間
由經濟或意識透過中介力量所建構，而是在

開放的空間之下，漂浮不定的能指任意接合
形成，因而馬克思以經濟的觀點將階級區分
為資產階級與普勞階級即屬不當。況且環顧
當前的社會運動形式，不僅只有勞工運動，
尚有族群運動、婦女運動、環保運動等等，
所以拉克勞與穆芙認為，馬克思將普勞階級
視為「上帝的選民」有其可議之處。因此，
從言說主體的觀點出發，拉克勞與穆芙解構
與重新建構馬克思主義階級革命的觀點，轉
而強調以民主革命的口號來接合各種抗議運
動（protest movement）。換言之，拉克勞與
穆芙不再以階級革命為訴求，而是藉由各種
社會運動的結合以完成馬克思的革命使命。
在下一章，筆者將進一步討論拉克勞與穆芙
如何思考當前的社會主義戰略。

註 釋

❶關於本質與本質論，請參考傅盧（Anthony Flew）主
編，黃頌杰等譯之《新哲學詞典》（*A Dictionary of
Philosophy*）「本質」及「本質主義」，上海譯文出版
社，1992年第一版，頁160-161；另請參考孫雲、孫
鎂耀等主編之《新編哲學大辭典》「本質與現象」，哈
爾濱出版社，1991年出版，頁197-198.

❷本句「至於馬克思主義者，特別是正統馬克思主義者」
為筆者所添加，理由是筆者認為，既然本質至少涉及
四種含意，則哈爾濱出版社所出版的《新編哲學大辭
典》中，將本質直接視為是「事物本身所包含的特殊
矛盾所構成」的看法實有不當之處，且該辭典對於本
質的解釋多運用馬克思主義者的觀點，因而筆者推定
其說法應為馬克思主義者的看法，甚至可以說是正統
馬克思主義者的看法。

❸請參閱Laclau & Mouffe 1985: 88，同註❶。

❹同上註。

❺articulation的動詞為articulate，具有「清晰的發音」、
「明白的表達」及「關節連接」等意義，也可以解釋
為火車頭與車廂之間的連結。在文化研究（cultural
studies）領域裡，它所指涉的並非單純兩個因素之間
的連接關係，而是指大規模的社會力量彼此之間的連

結，然而這種連結是有層級關係的，是由某一種優勢力量所主導而形成的一種結構關係，所以在文化研究領域裡，則將此字解釋為「意義的構連」（張錦華 1994：152；O'Sullivan et al. 1994: 17-18）。

❻block原來指的是「妨礙」、「阻礙」，但是拉克勞與穆芙的學說裡，由於強調認同是內在與外力的共同作用。換句話說，外力是認同的邊界，所以筆者認為在此不宜直譯為「阻礙」，而應譯為「限定」較為恰當。

❼穆芙認為葛蘭西的意識形態觀點，其實隱含著物質特性（Mouffe 1979: 186），所以拉克勞與穆芙強調言說具有物質特性的做法，是一種「依據癥候的閱讀」，目的在將葛蘭西所持觀點的空白及沉默部分，從深處拖出來。

❽1918年至1920年代初期，可以說是歐洲大陸紅色革命最為興盛的時期，在德國、西班牙、義大利、南斯拉夫等國，幾乎都有紅色革命運動，甚至發生的原因互有關聯並且形成互為奧援之勢。有關此時期的革命運動請參閱楊碧川《歐洲社會主義運動史》一書第七、八章。

❾法國1968年的五月運動雖然是一件激烈的反抗運動。然而法國1968年的五月運動基本上是以學生為主體，其後雖有勞動階級的介入，但是不能遽以論斷勞動階級是此次運動的主體，所以筆者在此採取保留態度，將其視為是學生運動，而非普勞階級的革命運動。

第四章
社會主義戰略：文化霸權與民主革命

　　拉克勞與穆芙所提出的社會主義戰略是
對於當代資本主義發展形式與馬克思主義階
級革命策略的一種反思，其中的論點有延續
自葛蘭西者，也有得自托克維爾（Alexis de
Tocqueville 1805-1859）對於法國大革命的論
述，並且在某種意義上，社會主義戰略的提
出是對傳統解放（emancipation或譯為「解脫」）
觀念的一種修正。

　　拉克勞指出，古典的解放觀念由六個層
次（dimension）❶所構成：第一是二分層次
（dichotomic dimension），將解放環節與社會
秩序視為絕對衝突；第二是整體（holistic）
層次，將解放融入所有社會領域；第三是透
明（transparency）層次，也就是確立解放在
恢復人的本質，去除所有權力的束縛；第四
是預先存在（pre-existence）的層次，就是假
定解放的產生肇因於壓抑或壓迫
（oppression）；第五是基礎層次（dimension
of ground），也就是解放的發生，是建立在社
會基礎之上；最後則是理性（rationalistic）

層次，亦即強調解放的目的，最終是要完成
上帝的啓示（Laclau 1996: 1-2）。

　　拉克勞對於古典解放觀點的分析，簡單
的說是在表述古典的解放觀點將社會視爲一
個封閉的整體，並且將二元對立視爲一切衝
突來源的不當。古典解放觀念的看法，與柏
拉圖及亞里斯多德的哲學有很大的關聯，如
善、惡的二元對立即是一例，這種觀點延伸
至政治領域的結果，即是歐洲教權及王權之
爭、王權與民權之爭，乃至於馬克思的資產
階級與普勞階級之爭的顯現。

　　然而從資本主義至今的發展來觀察，由
於分工愈趨細密、資本累積及流通快速、資
訊傳播愈爲迅速發達，不但造就社會多元化
的現象，也使得每一個社會組織不可能處於
封閉自守的狀態。況且，社會多元化的結
果，也導致社會的衝突對抗不限於經濟對抗
或政治對抗，即使對抗是經濟性或政治性
的，也不是單純的以階級的形式表現出來，
如環保運動、女性運動等等就是最明顯的例

證。因此，在理解社會形構是言說形構之後，拉克勞與穆芙所提出的社會主義戰略，其用意即在闡述封閉社會無法產生社會對抗，並且構思如何接合社會裡所存在的各種經濟或政治對抗。

基本上拉克勞與穆芙所提出的社會主義戰略，係以葛蘭西的文化霸權（Hegemony或譯為霸權、領導權）為架構來闡述封閉社會無法產生對抗，而以托克維爾的民主革命為依據來構思如何接合社會裡所存在的各種經濟或政治對抗。所以，社會主義戰略實際上包含文化霸權與民主革命兩層意義。因此，要探討社會主義戰略的內涵，則必須探討文化霸權與民主革命。

一、文化霸權概念的演進

霸權的概念最早乃源自於俄國的普列漢

諾夫與阿克雪羅德（Paul B. Axelrod 1850-
1928）（Laclau & Mouffe 1985: 49; Bocock
1986: 25），而由葛蘭西予以修正，成爲西方
（新）馬克思主義重要的革命理論。拉克勞與
穆芙的社會主義戰略雖然承續自葛蘭西的霸
權概念，但是拉克勞與穆芙並非全盤接受，
而是提出另一套解釋，藉以打破普勞階級爲
革命主體的看法。所以，要探討社會主義戰
略，必須先探討霸權概念的演進，然後再進
一步探討拉克勞與穆芙的社會主義戰略與霸
權之間的關聯。

　　當1905年俄國第一次革命（1905年10月
至1906年1月）失敗以前，第二國際並沒有一
套完整的階級革命理論，原因在於第二國際
受到恩格斯的影響，秉持科學的社會主義立
場，咸信馬克思的預測，亦即資本主義本身
必然崩潰（Aronson 1995: 45）。然而在經歷
德國勞工運動與俄國第一次革命失敗後，第
二國際的馬克思主義者才驚覺在資本主義的
德國與資本主義尚未發達的俄國，革命運動

為何遭遇相同的失敗命運？因此，革命理論的建構即有迫切的必要，所以盧森堡提出「總罷工」（General Strike）策略，冀望資本主義社會的普勞階級能自發地藉由革命程序而成為一體；考茨基則認為經濟鬥爭需要政治鬥爭的支援。換句話說，考茨基將經濟鬥爭與政治鬥爭結合起來，認為經濟鬥爭就是政治鬥爭；而托洛斯基則針對俄國的革命失敗，提出既然俄國的資產階級無法完成推翻沙皇（Tsarism）的絕對王權（Absolutism），則普勞階級應負起革命任務（Laclau & Mouffe 1985: 8; 15; 52; Laclau 1988: 249-251）。上述的這些革命理論雖然在馬克思主義的階級革命理論裡占有一定的地位，且為部分第三世界國家奉為革命準則，但與霸權的理論相較之下，不若霸權的理論精緻，因為霸權對資本主義社會結構的深刻描述，對於發展中國家，乃至於第三世界國家，仍有其適用之處。

霸權的概念雖然首創自普列漢諾夫與阿

克雪羅德，但柏寇克（Robert Bocock）認為
在馬克思的著作裡即有「隱含性」的霸權思
想（陳墇津 1989：39），柏寇克所引據的觀
點主要是馬克思的《1844年經濟與哲學手
稿》，在這本著作裡，馬克思認為國家是一種
異化形式，與宗教、勞動、貨幣及財產一
樣，是人們自我疏離（self-estrangement）的
一部分。但柏寇克同時認為，馬克思此時對
於國家概念的表述仍不完全，直到《路易‧
波 拿 巴 的 霧 月 十 八》（*The Eighteenth
Brumaire of Louis Bonaparte*）與《法蘭西的
階級鬥爭》（*The Class Struggles in France
1848-1850*）的撰寫，才是馬克思較為成熟的
觀點，乃至於對葛蘭西致力於文化霸權的闡
釋發生重大的影響（Bocock 1986: 22-25）。
柏寇克的上述說法，是以葛蘭西對於霸權的
闡述來追溯理論源頭，但是所涉及的論點是
國家與市民社會（civil society）❷的形式，
而未觸及階級聯合的革命策略問題，這與普
列漢諾夫及阿克雪羅德關於霸權的原創性概

念大相逕庭。

　　原來在馬克思主義的理論裡存有一種說法，亦即社會革命若屬於某一階級的任務，則其他階級不能越俎代庖、瓜代其角色（陳墇津 1989：39）。因此，推翻絕對王權的革命任務既然是布爾喬亞階級（資產階級）的責任，則普勞階級並無取代其角色的理由。但以俄國當時的情況而言，布爾喬亞階級既然無法經由正常的鬥爭完成政治解放，所以普列漢諾夫與阿克雪羅德即主張由普勞階級來完成這項歷史任務（Laclau ＆ Mouffe 1985: 49）。因此，普列漢諾夫與阿克雪羅德所描述的霸權，是一種革命角色的置換，同時亦指涉普勞階級與其政治代表人，在聯合其他團體時應具有的一種領導權（Bocock 1986: 25）。

　　普列漢諾夫與阿克雪羅德的霸權概念，日後為列寧所延續，並加以修改，而成為階級聯盟的政治領導權（Laclau ＆ Mouffe 1985: 55）。列寧與普列漢諾夫及阿克雪羅德

不同的是，列寧所談的霸權乃在強調知識分子先鋒隊由理論層面進行政治領導，而且從事政治領導的知識分子先鋒，必須是普勞階級的代表（Bocock 1986: 26；陳墇津 1989：39），例如列寧在《怎麼辦？》（*What Is To Be Done?*）一書中即提到：「為了引導勞動者的政治知識，社會民主黨人應走入所有的群眾階級中去……，〔且必須〕以理論者、宣傳者、煽動者與組織者〔的身分出現〕」（Bocock 1986: 26）。

列寧對於霸權的看法，與馬克思及恩格斯有相似之處。例如馬克思與恩格斯在《共產黨宣言》曾提到：

因此，共產黨人一方面在實踐上，是每一國家的勞動階級政黨中最進步與最堅毅的部分……，另一方面在理論上，共產黨人超越普勞階級大眾的利益，充分瞭解行動方針、條件及普勞階級運動的最終一般結果……，共產黨人的立即目

標與其他普勞階級政黨一致，即將普勞
大眾形成為一個階級，推翻布爾喬亞的
優勢（supremacy），使普勞階級征服政
治權力（Marx & Engels 1955: 23）。

從馬克思與恩格斯的敘述可以瞭解，雖
然馬克思與恩格斯並不否認有其他普勞階級
政黨存在，但是共產黨人卻是所有勞動階級
政黨中最進步與最堅毅者。所以從這段敘述
裡可以發現馬克思與恩格斯另一個霸權的
「隱含性」敘述。而與普列漢諾夫、阿克雪羅
德及列寧不同的是，馬克思與恩格斯的聯盟
策略，強調的是共產黨人與其他普勞階級政
黨間的聯盟，但是可以發現馬克思與恩格斯
賦予共產黨人扮演普勞階級革命先鋒的角
色，則與普列漢諾夫等人相同。

至於葛蘭西，無疑的是霸權概念的集大
成者，但是葛蘭西對於霸權概念的闡述並不
一致。在入獄以前，葛蘭西受到列寧的影
響，主張階級聯盟及知識分子的先鋒領導，

及至入獄後，葛蘭西才脫離列寧的主張，將
霸權概念擴展至上層建築範圍（陳墇津
1989：42）。

葛蘭西在1926年的〈南方問題札記〉
（*Some Aspects of the Southern Question; Notes
on the Southern Question*）一文中，首次提到
霸權的概念，葛蘭西提到：

> 都靈（Turin）的共產黨人具體的提出了
> 「無產階級文化霸權」的問題；易言之，
> 就是無產階級專政和工人國家的社會基
> 礎問題。就拿無產階級成功的創造一個
> 聯盟的體系，讓他動員絕大多數的工人
> 群眾來對抗資本主義和資產階級國家這
> 個範圍來說，無產階級就已經是領導和
> 宰制的階級了。在真正的階級關係存在
> 的義大利，這表示說，無產階級成功的
> 取得廣大農民群眾的同意了（Gramsci
> 1978: 443）。❸

另外，此時的葛蘭西也藉由義大利南部

的社會結構而注意到知識分子的重要性。葛
蘭西認為義大利的南部社會是由三個層級所
組成，即廣大的農民大眾、低等知識分子與
鄉村布爾喬亞及大地主與高等知識分子。這
三個社會層級，處於中層的知識分子從農民
層級獲得政治與意識形態活動，而大地主與
高等知識分子則分別掌控政治與意識形態領
域（Gramsci 1978: 454），南方農民之所以會
受制於大地主，就是因為知識分子中介所產
生的結果（Gramsci 1978: 456）。但葛蘭西對
於義大利南方的農民運動並不抱持悲觀的看
法，原因在於農民有屬於自己的知識分子可
以發展組織，而普勞階級的革命運動缺乏的
就是知識分子的領導，所以在〈南方問題札
記〉一文的文末，葛蘭西即強調知識分子對
於普勞階級的重要性，並且對於普勞階級與
農民階級的聯盟而言，更是強調需要知識分
子來扮演領導的角色（Gramsci 1978: 462）。

　　1926年11月，葛蘭西為法西斯政權逮捕
入獄後，在獄中的葛蘭西重新思考西歐國家

的資本主義形式及俄國革命與義大利普勞階級革命的失敗原因，對於霸權的概念也提出更為成熟的觀點並且擺脫列寧的色彩，這可從葛蘭西在獄中所撰寫的筆記、摘要——《獄中札記》（*The Prison Notebooks*），看出葛蘭西的轉變。

葛蘭西在《獄中札記》中所論述的霸權之所以被稱為文化霸權，其主要原因在於葛蘭西將上層建築文化領域的自治和功效，當成政治問題來處理，並將之與社會秩序存亡問題相結合（陳學明 1996：25）。換言之，葛蘭西的文化霸權係指政治侵入文化領域，藉由文化而取得政治上的支配權或領導權。因為葛蘭西的這種轉變，擺脫了經濟決定論，轉而注意上層建築問題，所以也導致葛蘭西將革命策略由普勞階級發動罷工的運動戰（war of movement）形式，轉而強調普勞階級與其他階級或集團共同形成集體意志（collective will）的陣地戰（war of position）形式。

　　葛蘭西與第二國際的馬克思主義最大的
不同，除了反對經濟決定論而強調上層建築
對於下層建築也有制約作用外，葛蘭西尙把
上層建築劃分爲政治與意識形態兩個部分。
換言之，葛蘭西雖然保留了馬克思的兩層建
築，但上層建築除了法律與政治（國家）是
主要成分外，最重要的還是社會諸成員所共
同接受與擁有的世界觀（意識形態），因爲它
是把社會裡各種勢力加以凝聚的黏合劑。因
此，對於葛蘭西而言，經濟不再是至高無上
的決定力，而改稱政治活動干涉經濟活動，
強調資產階級乃藉由意識形態的優勢，透過
國家機器的掌控來迫使普勞階級遵從（洪鎌
德、黃德怡 1995：6-7）。

　　而資產階級如何透過國家機器的掌控來
迫使普勞階級順從呢？葛蘭西認爲現代國家
與過去使用武力的威權國家不同，現代國家
的合法性是以被統治者的同意（consent）爲
基礎，所以現代國家可以說是「倫理性」國
家（Ethical State）或「文化的」國家

（Cultural State）（洪鎌德 1996： 48）。

　　而倫理性國家或文化的國家最大的功用
在培育廣大的人民大眾具備特殊的文化與道
德層次，以符合生產力的發展及統治階級的
利益，所以葛蘭西認為這種倫理性國家是最
理性與具體的事物（Gramsci 1992: 258）。因
此，資產階級國家的統治形式起了根本的變
化。

　　資產階級國家統治形式的根本變化最為
明顯的莫過於國家扮演教育者的角色
（Gramsci 1992: 260），於是藉由各種管道塑
造被治者的同意以達到統治目的，例如學
校、法院就是其中明顯的例子（Gramsci
1992: 258）。換言之，葛蘭西認為意識形態才
是資產階級支配普勞階級的工具。也因為資
產階級國家統治形式的改變，於是意識形態
鬥爭取代了階級鬥爭（Bergesen 1993: 5），也
因此促使葛蘭西的革命策略由運動戰轉變為
陣地戰。

　　葛蘭西認為俄國（東方）社會與西方社

會有一個最大的差異，亦即在俄國，國家即
是一切，市民社會並不存在，然而在西方，
國家與市民社會是存亡相依，只要國家遇有
危急，市民社會即會出面捍衛國家的生存
（Gramsci 1992: 238）。因此，葛蘭西認爲，
西方國家的市民社會宛若現代戰爭中的塹壕
（Gramsci 1992: 235），所以革命策略不能以
總罷工的運動戰形式來進行，而必須進入市
民社會，逐一瓦解這些塹壕。由於統治集團
是以各種統治設施教育人民，掌控人民的意
識形態以逐其統治目的，所以葛蘭西主張陣
地戰即是要爲這種意識形態解毒，建立新的
意識形態，取得新的領導權（Mouffe 1979:
197）。

　　葛蘭西認爲取得新的文化霸權的首要條
件在形成集體意志，而集體意志的形成則有
賴於知識分子和政黨（陳墇津 1989：42；
44）。葛蘭西指出，藉由黨和知識分子的宣傳
與教育，可以使其他階級心悅誠服接受普勞
階級的領導，才能推翻資產階級的壓迫體

制。換言之，葛蘭西並未放棄普勞階級爲革
命主體的立場，仍然賦予普勞階級霸權階級
的地位。可是與入獄前明顯不同的是，葛蘭
西一方面重視的是普勞階級能與其他階級形
成集體意志以發揮最大的革命力量，進行意
識形態的鬥爭；另一方面，葛蘭西雖然倚重
黨與知識分子的觀點不變，但是因爲葛蘭西
後來已不再主張階級聯盟，所以賦予黨和知
識分子能夠對群眾扮演教育與宣傳功能，而
行使道德與知識上的領導（Laclau & Mouffe
1985: 67）。

　　總而言之，葛蘭西在《獄中札記》所呈
現的觀點，推翻了第二國際的馬克思主義所
強調的經濟決定論，主張政治的重要性，並
且認爲意識形態對於下層建築也有制約作
用，同時也修正階級聯盟的看法，改採以集
體意志爲基礎的集體革命形式。但是葛蘭西
雖然與第二國際的馬克思主義相較，在理論
上與實踐上做了重大的變革，然而葛蘭西的
看法仍有其局限性，首先是強調意識形態的

重要性，容易導致本質論立場；其次是主張
集體意志為基礎的革命方式，未能說明群眾
如何願意接受黨和知識分子的教育與領導而
進行革命，這也是拉克勞與穆芙批判與質疑
葛蘭西之處。

　　然而拉克勞與穆芙的社會主義戰略雖然
一方面批判葛蘭西的觀點，但另一方面卻又
承繼葛蘭西的看法。因此，拉克勞與穆芙的
社會主義戰略本身並無創新之處，並未脫離
葛蘭西的理論框架，只是對於葛蘭西的理論
運用後結構主義的觀點予以重新解釋罷了，
所以拉克勞與穆芙的重新解釋，其實只是對
於葛蘭西霸權概念的一種修正。

二、社會主義戰略：文化霸權　　概念的批判與修正

　　拉克勞與穆芙之所以批判葛蘭西，主要
在於拉克勞與穆芙認為葛蘭西的霸權概念不

是一個連貫的理論概念（Laclau & Mouffe
1985: 69），例如葛蘭西一方面所表述的革命
主體不是階級而是集體意志的形成，另一方
面卻又賦予普勞階級居於領導地位，這種觀
點就有一個矛盾產生，因為革命主體既然有
賴於集體意志的形成，這就表示意識形態與
領導階級的接合不必然的屬於特定階級，而
是與其他散置的歷史力量結合在一起，所以
普勞階級即沒有居於必然的領導地位之理由
（Laclau & Mouffe 1985: 67-68）。因此，拉克
勞與穆芙認為葛蘭西將領導階級賦予普勞階
級與意識形態具有階級屬性的看法，並未脫
離本質論（Laclau & Mouffe 1985: 69; Laclau
1988: 252），只是將社會裡的多元對抗關係，
轉換為簡單的二元對立關係。所以拉克勞認
為，葛蘭西的矛盾假設，其實就是古典解放
觀念將特殊當成普遍的瑕疵（Laclau 1996:
63-64）。

　　然而不只是葛蘭西的解放思想存有本質
論的觀點，即使是馬克思或者是其他的馬克

思主義者，基本上都有類似的看法。例如馬
克思承繼黑格爾的辯證法觀點，將資產階級
社會的生產關係視為矛盾關係，而將矛盾產
生的原因假設是資產階級在經濟上壓迫普勞
階級，所以這種矛盾關係必然會造成普勞階
級與資產階級間的絕對衝突，這種衝突隨著
資本主義社會的發展，也必然會侵入整個社
會生活領域，形成兩大階級陣營的對抗，但
最後一定是普勞階級取得最終勝利，宣告共
產社會的來臨。翻開馬克思主義的理論史，
不僅馬克思持此種看法，盧森堡、托洛斯
基、列寧，乃至於葛蘭西等人，都是古典解
放觀點的繼承人。

　　除此之外，拉克勞與穆芙認為葛蘭西的
霸權理論有另一個矛盾存在，因為葛蘭西的
立論基礎是將社會視為一個封閉的整體為前
提，但是在言說形構裡，既然言說主體在節
點掌控之下，已經成為同值鎖鏈的一環。換
句話說，言說形構裡的個別主體已經接合形
成共同體，從而抵消彼此之間的差異，那麼

如何期望言說主體喚起自我意識，對言說形構裡的掌握節點的能指展開對抗的活動（Laclau & Mouffe 1985: 134）？因此，拉克勞與穆芙所要超越葛蘭西並自認為重建其霸權論點的地方有二點：一是「解放」古典的解放觀，以多元對抗取代二元對立的觀點；二是否定封閉的體系內會引發對抗的出現。

可是儘管拉克勞與穆芙批判葛蘭西，然而並不表示拉克勞與穆芙全然否定葛蘭西的看法，例如拉克勞與穆芙認為葛蘭西對於霸權概念闡釋的最大貢獻在於超越列寧的階級聯盟，並且拓展政治重組的形式與文化霸權（Laclau & Mouffe 1985: 66），以及肯定葛蘭西對第二國際的馬克思主義經濟決定論的質疑（Mouffe 1979: 188）。

另外，拉克勞與穆芙甚至認為他們的理論論點，有一些基本概念其實是得自於葛蘭西，例如葛蘭西肯定每一個組織體系都有其最弱的一環，都潛藏著危機存在，拉克勞與穆芙即認為，葛蘭西對於「組織（有機體）

的危機」（organic crisis）描述，其實就是言
說形構處於不穩定的狀態有關；而葛蘭西的
「歷史性集團」（historical bloc）概念和言說
形構在根本上是契合的觀念；最後拉克勞與
穆芙認為葛蘭西的陣地戰，其實就是一種民
主革命。因此，拉克勞與穆芙認為，葛蘭西
的理論早已潛藏言說理論的看法，只是葛蘭
西宥於自身的局限而無法認知罷了，所以拉
克勞與穆芙認為他們之所以超越葛蘭西之
處，就是重新發現葛蘭西的這些潛在看法
（Laclau & Mouffe 1985: 136-137），使得文化
霸權的建構愈臻完善，從而社會主義戰略得
以展現真正的革命力量。

　　拉克勞與穆芙對於霸權產生的看法，與
其言說形構的建構觀點息息相關。在上一章
曾提到言說形構是言說場域裡的某一個能
指，企圖掌握節點而接合其他能指的過程，
這種接合的過程即是拉克勞與穆芙所指稱的
霸權。拉克勞與穆芙說到：

霸權產生的一般場域就是接合實踐，也
就是組成要素尚未具體化為環節的場域
（Laclau & Mouffe 1985: 134）。

換句話說，只要某一個特定的能指企圖
掌握言說場域，而接合其他能指的動作，就
是拉克勞與穆芙所謂的霸權，但是只要組成
因素（能指）融入言說形構而形成環節，即
註定環節必然為言說形構裡的同值鎖鏈所束
縛，所以拉克勞與穆芙肯定霸權關係的產
生，只能存在於能指的接合實踐過程中。從
拉克勞與穆芙的看法裡，可以進一步推論出
一個觀點，亦即言說形構的建構既然是言說
場域裡的能指企圖掌握節點而與其他能指接
合的過程，而因為這種接合實踐的過程就是
霸權實踐，所以言說形構的建構目的其實就
是在建構霸權形構（Laclau & Mouffe 1985:
136）。

從以上的說明可以瞭解，拉克勞與穆芙
認為，既然霸權的產生並非源自言說形構的

內部，而是能指之間不斷的接合過程，所以
在一個完全縫合的社會裡不可能產生爭取霸
權的活動，這也就是馬克思主義最大的謬誤
所在。

　　另外，拉克勞與穆芙認為，霸權的產生
除了要有廣泛的能指出現，並且必須在能指
尚未接合為環節的場域裡進行之外，還有一
個必要的前提要件，亦即這些廣泛出現的能
指必須接合為對立的陣營，如拉克勞與穆芙
說到：

> 只有漂浮的組成因素廣泛的出現，並且
> 將它們接合為對立的陣營，……，這個
> 建構的領域，才可以允許我們將實踐定
> 義為霸權。沒有同值、沒有邊界，即不
> 可能嚴格地稱做霸權（Laclau & Mouffe
> 1985: 136）。

　　霸權的接合關係之所以最後會形成對立
的陣營，其原因在於言說形構是能指之間在
言說場域裡的一種不斷的接合過程，這種接

合在毫無阻力之下，必然會持續下去，直到
言說形構遇到阻力為止，從而言說形構與言
說場域形成壁壘分明的界限。也就是說，言
說形構與言說場域之間形成前線效應，造成
敵意的產生。在這種情況之下，若言說形構
不放棄對於言說場域的接合，而言說場域裡
的能指又誓死抵擋接合，或者情況相反，言
說場域裡的能指欲顛覆言說形構，而言說形
構欲捍衛既有的接合，此時言說場域裡的能
指無論是為了抵擋接合或是為了顛覆言說形
構，也會接合起來共同抵抗或形成一致的顛
覆力量。換句話說，拉克勞與穆芙認為，只
要言說場域裡能指之間產生霸權接合的活
動，即預設對抗的可能性，並且這種對抗最
終必然是陣營（團體）之間的對抗。

　　為什麼言說場域裡能指之間的霸權接合
活動，只能預設對抗的可能性而非必然性，
這是因為拉克勞與穆芙認為，馬克思主義者
通常將從屬關係（relations of subordination）
視為鬥爭的原因，但是拉克勞與穆芙認定從

屬關係充其量只能算是敵意對抗的根源,因
為從屬關係本身不會產生鬥爭,只有將從屬
關係轉換為壓迫關係 (relations of
oppression), ❹才能產生真正的敵意對抗
(Laclau & Mouffe 1985: 152; 153)。因此,如
果言說形構沒有接合其他能指或侵入其他言
說形構的企圖,至多只是有從屬關係存在,
但是只要這種意圖完全顯現,衝突對抗即無
法避免,所以任何霸權的接合活動,只能預
設對抗而不能視之為必然。

　　然而拉克勞與穆芙認為,敵意對抗的方
式有許多種類,並不限於馬克思的經濟鬥爭
說或是傅柯「有權力即有抵抗」的權力鬥爭
說,當然也不限於政治鬥爭,但是拉克勞與
穆芙贊同葛蘭西的觀點,主張霸權是一種政
治關係。他們之所以強調政治的第一個原因
在於政治創造實踐,所以社會關係的再生產(
reproduction) 或轉換,不是單純的由社會所
決定,而是政治的作用;其次政治問題就是
社會典章制度 (the institution of the social)

的問題，也就是在充滿敵意對抗與矛盾交織
的場域裡，有關社會關係的定義（definition）
與接合的問題。所以穆芙指出，社會是一個
複雜而且異質的總體，是政治接合的產物
（Mouffe 1988: 90）。然而更爲重要的是，政
治能夠引導集體行動，挑戰任何形式的不平
等以及從屬關係，從而將這些不平等與從屬
關係轉換爲壓迫關係，促成敵意的產生。所
以拉克勞與穆芙所提出的社會主義戰略，不
但有些部分承繼葛蘭西的看法，如強調政治
的重要性，並且還擴充葛蘭西的觀點，指出
鬥爭的政治特質不以政黨與國家爲限，而是
涵蓋所有的從屬關係在內（Laclau & Mouffe
1985: 152-153）。

　　從拉克勞與穆芙的上述說法可以理解
到，拉克勞與穆芙對於葛蘭西霸權概念的修
正，首先是否認普勞階級爲革命主體的看
法，轉而承認其他社會階級或集團在歷史的
革命任務中占有同等地位，所以革命主體不
能僅以普勞階級爲限，而是分散於社會各領

域；其次從同值效應來看，拉克勞與穆芙否
認意識形態是集體意志形成的接合劑，相反
的，他們認爲集體意志的接合劑是共同的革
命價值將分散於社會各領域的革命主體串連
起來的結果。因此，霸權的主體不是意識形
態的勉強縫合，而是透過共同的革命價值觀
產生不斷接合的一種動態過程。

　　總結來說，拉克勞與穆芙對於霸權概念
的修正，主要在摒棄馬克思主義的解放觀
念，因爲這套解放觀念承襲古典的解放觀
點，是本質論、化約論及二分法式的解放
觀，所以拉克勞與穆芙首先承認社會有其他
對立形式存在，不認爲解放必然是某一個階
級或集團的歷史使命，轉而強調解放是由社
會上所有被壓迫的階級或集團共同的目的。

　　另外，拉克勞與穆芙認爲，社會上所有
被壓迫的階級或集團之所以願意共同對抗壓
迫，不是倚賴葛蘭西所說的宣傳或教育，而
是依據共同的價值觀點。對於拉克勞與穆芙
而言，在當前的資本主義體制下，能夠將社

會被壓迫階級或集團串連起來的，只有民主
革命，因為在形式上它是一種政治鬥爭，在
目的上則是要恢復自由與平等。因此，拉克
勞與穆芙社會主義戰略的含意，除了是霸權
概念的修正之外，更是一種民主革命。

三、民主革命

民主革命並非拉克勞與穆芙的原創性看
法，而是得自於托克維爾對於法國大革命的
描述。托克維爾認為1789年的法國大革命所
追求的目標是平等與自由，這兩項目標占據
了革命參與者的心靈，「他們不僅想建立民
主的制度，而且要建立自由的制度；不僅要
摧毀各種特權，而且要確認各種權利，使之
神聖化」（托克維爾 1994：4）。因而自由與
平等可以說就是民主的原則（Laclau &
Mouffe 1985: 155）。

　　拉克勞與穆芙之所以重新提出民主革命，筆者以爲其主要用意是一方面藉以修正馬克思主義者的主張，因爲當代的左派只將革命限定於爭取平等而忽略自由的爭取；另一方面則是上一節已經提到的，拉克勞與穆芙體認出在當代資本主義體制下，對抗、鬥爭已呈現多元化，已非馬克思的階級鬥爭所能涵蓋，所以重新提出民主革命的目的在將法國大革命以來的自由與平等觀點與多元的對抗形式接合，以作爲革命的共同價值觀。所以拉克勞與穆芙指出：「只有當民主言說和各種抵抗從屬的形式接合，才有可能對各種形態的不平等產生對抗、鬥爭」（Laclau & Mouffe 1985: 154）。

　　然而拉克勞與穆芙認爲，社會主義戰略之所以要重新提出民主革命的主張，並不是一種托古鑑今，而是與二次世界大戰後的二十年間，新資本主義的發展所帶來的成就有關，這是因爲福利國家（welfare state）在這段期間與資本主義的擴張相互結合有關，所

以社會似乎有形成同質的趨勢，潛在的敵意
對抗，也似乎消失不見，但是福利國家實際
上無法與資本主義的優勢霸權形構擴張相配
合，反而只會將社會上新的從屬關係暴露無
遺（Laclau & Mouffe 1985: 158）。至於當代
資本主義體制所產生的新從屬關係，主要有
三個層面，形成新的資本主義霸權形構，它
們分別是福特主義的生產方式、凱因斯式的
福利國家（Keynesian Welfare State）與大眾
文化的同形性（Laclau & Mouffe 1985: 160;
Mouffe 1988: 91-92）。

在緒論部分已概略提及福特主義的生產
模式，並指出目前的生產方式已朝向後福特
主義途徑邁進，然而無論是福特主義也好，
後福特主義也罷，拉克勞與穆芙認為這種生
產方式在生產過程中造成資本累積與集中，
並在消費流程中產生社會商品化的現象，所
以無論是個人或集體的生活，都無法脫離這
種資本主義關係，因而引來新的從屬關係出
現（Laclau & Mouffe 1985: 160-161; Mouffe

1988: 92）。也就是說，資本主義生產方式的
變革，不只造成勞動異化，更爲嚴重的是異
化現象的普及，而其具體的表現就是商品
化。因此，人失去了主體地位，喪失了人的
自我本質，只能依附於商品，而淪爲商品交
換關係的一個環節。

　　其次則是凱因斯的福利國家所形成的官
僚化現象，❺拉克勞與穆芙認爲，官僚化與
前述的商品化，是當代社會不平等與衝突的
根源，因爲官僚化現象的產生與資本主義的
發展有莫大的關聯。換句話說，正是資本主
義體制下的社會關係產生變化，才致使國家
介入其中（如國家介入勞資間的生產關係，
以調和生產的進行即是一例），同時造成公領
域（國家）和私領域（市民社會）之間界限
的模糊，因而社會關係的形式與意義即含有
政治特質，仰賴國家的典章制度，新的從屬
關係於焉而生（Laclau & Mouffe 1985: 161-
163; Mouffe 1988: 93）。

　　最後則是大眾文化的同形性所產生的新

文化形式。在西方的馬克思主義者中，對資
本主義文化形式批判最力的，莫過於法蘭克
福學派，法蘭克福學派認爲資本主義的文化
形式，造成文化的商品化、標準化與強制
化。商品化係指文化的創作以交易爲考量，
以符合大眾消費爲目標；標準化則是指創作
的大量複製，以滿足民眾的消費需求；強制
化則是個人失去自由選擇權，被迫接受商品
化與標準化的商品文化（陳學明 1996：35-
40）。拉克勞與穆芙則認爲，資本主義體制下
的文化形式與大眾傳播（mass communication）
手段的擴張有密切關聯，因爲大眾傳播不僅
造成大眾化與一致化，而且蘊含著以權力來
顛覆不平等的存在，並製造社會與民主政治
進步的印象（Laclau & Mouffe 1985: 163;
Mouffe 1988: 93）。

　　上述的三種從屬關係形式，簡而言之，
就是資本主義的從屬關係形式，是在平等中
蘊含不平等，如表面上社會大眾消費相同的
複製品，接受相同的大眾資訊，同樣接受國

家典章制度的規範，但實際上，人卻失去選擇的權利，只是商品製造者、資訊篩選者與國家權力的從屬物品，所以新社會運動的形成背景，就是企圖要打破這種從屬形式，以恢復真正的平等。

　　然而拉克勞與穆芙認為，新社會運動者一味強調平等，卻忽略了資本主義體制與新保守主義結合的事實。所以，拉克勞與穆芙認為，新社會運動無法衝破資本主義體制，達到解放目的（Laclau & Mouffe 1985: 165）。

　　新保守主義崛起於1960年代，最先使用此一辭彙的是哈靈頓（Michael Harrington），它根源自美國的保守主義，但是這種保守主義並非復古主義，更非反動與右傾，而是以自由主義為基礎，目的在導正美國自由主義的左傾趨勢（李永熾 1988：28；李連江 1994：43-45；76-77）。而新保守主義興起的原因則依各國政經背景不同而不盡相同，可以美、英兩國為例作一說明。

　　美國新保守主義的形成甚為複雜，其中
的原因除了歷史因素之外，尚有階級、社會
地位、種族與宗教等層面（孫同勛 1988：
23-25），大致上可以1930年代為其論述起
點。

　　美國的保守主義是以自由主義為其根
基，而自由主義自亞當・斯密以降的觀點即
在政治與經濟層面主張有限政府（limited
government）和自由放任（laissez faire），但
1930年代伊始，由於羅斯福（Franklin Delano
Roosevelt 1882-1945）以凱因斯（John
Maynard Keynes 1883-1946）的經濟理論為藍
本，提出一連串的「新政」（New Deal）措施
（李永熾 1988：28-29；洪鎌德 1997b：
257），這無疑是挑戰美國的立國傳統，也開
啟了美國自1930年代以來的自由主義路線之
爭。

　　二次大戰後至1960年代以前，由於共產
主義的迅速發展，使得美國的國際霸權地位
面臨威脅，因而美國的保守主義遂有麥卡錫

主義（McCarthyism）、華爾街保守派與老右派之分。至1960年代，隨著學生運動與反抗文化的興起，保守主義遂又分為新保守主義、新右派與基督教新右派。1970年代，則在石油危機與水門案件的刺激下，再加上美國經濟成長的停滯不前，使得保守主義儘管在經濟、政治及知識界有部分差異存在，但卻有整合趨勢，這種整合即是所謂的新保守主義（李永熾 1988：30-32；水秉和 1988：70）。

　　至於英國的新保守主義則可以說就是柴契爾主義，其出現原因是由三種不同趨勢匯聚於同一歷史點上所形成：其一為英國經濟體質的長期衰微與世界資本主義的蕭條期相結合；其二為核子競賽帶來新冷戰體系的重組，使得保守勢力獲得鼓舞，因而好戰、愛國的情緒，進入白熱化階段；其三則是工黨勢力在戰後歷經三次執政後逐漸瓦解，同時1945年以後，英國政治架構所建立的「社會民主共識」（social democratic consensus）❻

亦隨之宣告崩潰（陳光興 1988：68-69）。

　　新保守主義在美、英兩國的形成背景雖有不同，但訴求卻是一致，即在反對福利國家（孫同勛 1988：26；陳光興 1988：72；洪鎌德 1997b：336）。這可從幾個方面來探討，首先就兩者的理論基礎而言，資本主義的發跡是以自由為訴求，而福利國家的根源則是以平等為基礎。其次，就國家所應扮演的角色來說，由於資本主義的理論基礎是自由，所以強調有限政府，而福利國家因為要求平等，由國家扮演最大正義者的角色，因而不免造成國家事事干預的現象。第三，就兩者的相互關係而言，由於資本主義的擴張帶來資本集中及貧富差異擴大的現象，而福利國家為解決貧富差異過大，必然施行福利計畫，但是福利計畫的財源又須仰賴賦稅，尤其是資本家的賦稅，這無形中又放慢資本累積的過程，影響資本主義的擴張。因此可以說，福利國家阻礙了資本主義的發展，呈現出與資本主義格格不入的現象，所以新保

守主義即以反對福利國家爲訴求。

　　然而福利國家的反對並非始於新保守主義，而是發軔於奧地利的經濟學者海耶克（Friedrich von Hayek），繼之而起的則有傅利曼（Milton Friedman）、諾錫克（Robert Nozick）及列名新保守主義者的布里辛斯基（Z. Brzezinski）與法國的新右派等等（Laclau & Mouffe 1985: 171-174）。

　　1944年海耶克發表《到奴役之路》（*The Road to Serfdom*）一書，書中海耶克堅決反對凱因斯式的福利國家形態，他認爲福利國家勢必帶來政府的大力介入，因而西方社會將演變爲集體社會，從而導致極權主義（totalitarianism）的出現。因此，海耶克極力主張自由主義的民主政治，認爲唯有自由的民主政治才能捍衛和平與自由（Laclau & Mouffe 1985: 171-172）。傅利曼則在《資本主義與自由》（*Capitalism and Freedom*）一書中，強調只有在資本主義的自由市場經濟的架構下，才有自由的政治秩序存在。而諾錫

克則質疑福利國家能提供什麼分配正義，所以諾錫克主張「最低限度的國家」（the minimal state）（洪鎌德 1997e：90）。❼至於布里辛斯基則認為「以自由主義的觀點來看，民主政治並非在政策制定（policy-making）上執行一些基本的選擇，而在對於個人的自我表現（self-expression）上，保留一定的自主」。另外，法國新右派的發言人戴貝奴阿（Alain de Benoist）則直接宣示法國大革命是標示歐洲文明退化的一個重要階段，人權宣言（Declaration of the Rights of Man）的主張應予拒絕，戴貝奴阿甚至還批評民主政治，他認為民主政治將每一個人置於相同的基礎上，賦予普選權利（universal suffrage），但未考慮個人之間的差異存在，這就是民主政治的極權特質表現。因此，戴貝奴阿認為：平等＝一致＝極權（equality＝identity＝totalitarianism），所以戴貝奴阿主張，真正的民主應該是肯定差異＝不平等＝自由（ difference＝inequality＝liberty）

（Laclau & Mouffe 1985: 171-174）。

從以上的說明可以瞭解，新右派是以攻擊福利國家爲起點，在政治上主張有限政府及反官僚政治，在經濟上主張資本主義的生產方式，並藉由文化傳播方式，爭取民眾的支持，所以1979年柴契爾夫人得以贏得大選，入主唐寧街，1980年雷根得以贏得白宮寶座，即是新右派的自由言說獲得人民的支持，也說明了新右派與資本主義體制在1980年代前後結合爲新霸權的事實。

鑑於新右派的成功，拉克勞與穆芙提醒左派不能排斥自由——民主的意識形態，相反地，社會主義應該朝向激進與多元的民主政治的方向上發展，所以左派應深化與擴大自由——民主的意識形態（Laclau & Mouffe 1985: 176）。換句話說，拉克勞與穆芙認爲當代的左派革命運動，不能僅限於平等的訴求，而應擴大戰線，深入自由主義陣營，向自由主義者爭取領導權。

拉克勞與穆芙之所以主張激進與多元的

民主政治、主張左派應深化及擴大自由——
民主的意識形態並非突發奇想，而是對當代
資本主義發展與民主政治形式思考的結果，
誠如托克維爾所指出的，自由與平等自法國
大革命發生後，這二百餘年來，已經成為西
方政治社會變動的決定性原則（Laclau &
Mouffe 1985: 155），所以左派的革命不能一
味的只要求平等，反而應該顧及自由的訴
求，而自由在政治上最為明顯的表現，就是
民主政治的形式，然而隨著資本主義的發
展，民主政治的議題與訴求不僅限於經濟權
或政治權的爭取，還擴及到生存權（族群）、
環境權、女性權利等等的爭取，簡而言之，
就是政治議題與訴求呈現多元化。

　　政治議題與訴求的多元化，也表現在當
前的左派運動，但是這些左派運動雖然有一
致的目標，亦即爭取平等，可是因為在議題
主張與訴求上卻呈現分歧，因而導致力量的
分散，只是呈現零星的對抗，無法發揮整體
的力量。因此，拉克勞與穆芙提出民主革

命，冀望能夠解決當前左派運動的危機，整合左派運動以形成整體力量，一致對抗資本主義所產生的一切從屬關係。

如果將接合左派運動的形式，以言說形構來說明，拉克勞與穆芙係將當代新右派的資本主義結構視爲言說形構，而將各種左派運動視爲言說場域裡漂浮不定的能指，以民主革命做爲言說場域裡漂浮的能指接合的同值效應，藉以形成一個團結的陣營，從而對抗新右派，並向新右派展開反擊行動。

然而拉克勞與穆芙雖然要向新右派展開反擊，但其最後目的不在排斥自由主義，而是冀望激進與多元的民主政治的建立（Laclau & Mouffe 1985: 176）。所謂激進與多元的民主政治，其主要含意係指涉將社會主義的目標，重新植入（reinscribe）多元民主政治（pluralist democracy）的架構之下，並且堅決社會主義的目標，必須與自由主義的各項典章制度（institutions）接合（Mouffe 1993: 90）。換句話說，激進與多元民主政治

在調和自由主義與社會主義的主張，而調和的目的，一方面在廢除自由主義的個人主義訴求，另一方面則在呼籲社會主義者正視自由主義對於自由的主張。因此，正如穆芙所指出的，在激進與多元的民主政治裡，個人只有在總體的「主體位置」中（an ensemble of "subject positions"），才能顯現其地位；個人必須進入多元的社會關係、進入各種群體（communities），並且在多元的集體形式裡參與認同。除此之外，在激進與多元民主政治裡，所謂的社會權利，應該是特定群體的集體權利，也就是說，個人的權利，只能為特定的群體脈絡所賦予，而且特定群體的集體權利，對於特定群體內的個人而言，是一種普遍的權利（Mouffe 1993: 97）。因此，激進與多元民主政治至少蘊含有二個意義。

第一，激進與多元的民主政治在同時肯定自由與平等。正如托克維爾所指出的，自由與民主是民主的原則，只是隨著時間的發展，自由與平等卻有互不相容的現象，尤其

是自由主義與社會主義成為壁壘分明的陣營
之後，這種現象尤為明顯，所以儘管自由與
平等是自由主義與社會主義的公約數，但對
於自由與平等何者居於首要地位，卻也是自
由主義與社會主義的爭論焦點。所以拉克勞
與穆芙提出民主革命的目的在重新回復法國
大革命時期的民主原則，將自由與平等重新
結合，並將之納入社會主義裡，冀望藉此以
使人類獲得真正的解放。

　　第二，激進與多元的民主在肯定每一個
個人或階級與團體的價值。因為在平等的基
礎上，每一個個人、階級或團體，在同值鎖
鏈下建立平等的通識（common sense），取得
平等的權利，從而互相尊重，而沒有從屬關
係存在（Laclau & Mouffe 1985: 183-184）。

　　總結來說，拉克勞與穆芙的社會主義戰
略涵蓋兩個層面，首先它是葛蘭西文化霸權
的重建，重建的意義是破除階級化約論，強
調社會對抗不是以單一階級為中心，而是社
會上所有從屬階級的共同目標；其次，社會

主義戰略是民主革命，它源自托克維爾的觀
點，強調自由與平等是人類生存的目標，所
以社會主義者不應當只追求平等，而應重新
整合自由與平等，並以建立激進與多元的民
主政治為最後目標。

　　如果將第三章與本章的敘述作一個整理
可以發現，拉克勞與穆芙對於馬克思主義的
解構與重建是以言說為起點，從而演伸出革
命主體的不確定性，並非某一個階級必然的
歷史使命，這即是拉克勞與穆芙之所以要解
構與重建馬克思主義，甚至想要超越馬克思
主義的理論與政治觀點的目的所在。總結的
說，拉克勞與穆芙所希望超越的部分，可以
分為三點予以說明，首先在哲學上，言說提
出的目的在指出整個人類社會結構的建構，
沒有必然的形式或必然的歷史法則；其次在
社會分析方面，藉由言說以指出馬克思對於
社會主體及社會對抗分析的不當；最後在政
治方面則是在指出社會主體與鬥爭是多元
化，所以將社會鬥爭賦予某一個階級其實是

一種迷思（myth）（Laclau & Mouffe 1987: 106）。

註　釋

❶dimension有「規模」、「尺寸」、「次元」、「境界」、「境域」、「因素」、「特性」、「天地」、「領域」、「面向」、「層面」、「界面」等等含意，在此筆者譯為「層次」的原因，主要是將本文中的六個層次視為一個整體，依附於解放的概念之下。如歷史上的革命或解放口號大都訴諸解脫壓抑、全民革命、恢復新秩序等等，與本文所列的層次大都相符，因而筆者認為將dimension譯成「層次」較為恰當。

❷國內對於civil society一般譯為「市民社會」或「民間社會」，但是這兩種譯名所代表的含意並不相同。從近代政治史來觀察，civil society指的是相對於絕對王權的城市資產階級，所以譯為「市民社會」較為恰當。至於當代社會，由於社會的抗議運動不以城市裡的資產階級為限，還包括族群、女性及環保等等，是民間社會力的一種展現，所以譯為「民間社會」也不失為合適的譯法。然而在本論文，因為要強調馬克思主義認為無產階級革命在歷史上及政治上是資產階級推翻絕對王權的延續，因而予以譯為「市民社會」。

❸本段譯文主要參考陳璋津 1989：42.

❹所謂的從屬關係（relation of subordination），依據拉克勞與穆芙的定義，是指一位行動者從屬於他人的決

定，如受雇者之於雇主或家庭內的女性從屬於男性等等；而所謂的壓迫關係則是指，從屬關係轉換爲敵意對抗關係之謂。請參閱Laclau & Mouffe 1985: 153-154.

❺福利國家並非肇始於凱因斯的理論，而是起源自1883年俾斯麥（Otto von Bismarck 1815-1898）任德國首相期間所實施的社會立法，而官僚化現象其實也並非福利國家所獨有，即使是資本主義國家如美國、日本等等，官僚化的現象同樣存在。拉克勞與穆芙將福利國家及官僚化歸因於凱因斯，應該不是拉克勞與穆芙認知上的錯誤，而是要凸顯新右派反對國家介入經濟的訴求。

❻「社會民主共識」其實是一種大妥協，即英國的右派（如保守黨、自由黨）與左派（工黨）在政策上各退一步，右派放棄完全自由競爭的市場經濟，而左派則放棄社會主義經濟制度的理想。雙方皆同意資本主義應繼續運作，但重要工業應爲國營；另外，雙方同意政府權力不能過大，但應大量增加政府的管轄，以配合社會的種種需求。換言之，社會民主共識與民主社會主義（democratic socialism）的主張類似。請參閱陳光興 1988：69.

❼有關諾錫克的思想主張，可詳閱洪鎌德 1997e之第四章（頁81-104）。

第五章
拉克勞與穆芙理論之評析

　　在緒論部分曾提及拉克勞與穆芙運用語言學對馬克思主義從事解構，且自稱其學說屬於「後馬克思主義」的領域，引來許多批評，例如丹達奴（Steven P. Dandaneau）即認為拉克勞與穆芙所自我標榜的後馬克思主義，其實所真正關注的議題並非馬克思主義的階級理論，相反的，馬克思主義出現理論危機才是拉克勞與穆芙所要著墨的重點（Dandaneau 1992: 170）。而洪鎌德則質疑，既然拉克勞與穆芙是以否定的觀點來看待馬克思主義，那麼拉克勞與穆芙為何又要將其學說與馬克思主義牽連在一起，而自稱為後馬克思主義（洪鎌德 1996：118）？除此之外，拉克勞與穆芙所建構的言說與民主革命理論，亦遭受許多的批評，這其中批判最為嚴厲的莫過於葛拉斯。

　　葛拉斯於1987年在《新左派評論》上首度撰文批判拉克勞與穆芙，認為「後馬克思主義」實際上是「告別馬克思主義」、是一種知識上的真空、只是一味諷刺馬克思主義的

觀點，而未能說明理由、對於「言說」與
「非言說」界限的打破，在根本上是思想
（thought）／實存（reality）對立觀點的放
棄，是一種簡單的唯心論（idealist）。另外，
葛拉斯認為，如果言說主體是一種任意決定
的形式，則無法產生有效的革命策略等等
（Geras 1987: 43; 48; 67; 73; 77）。

　　針對葛拉斯的批判，拉克勞與穆芙亦予
以回應，如拉克勞與穆芙認為葛拉斯對其
「言說」的誤解，肇因於葛拉斯混淆了存有
（being）與實體（entity）兩個概念；而唯心
／唯物的區別只是實體能否化約為概念的一
種肯定或否定上的爭辯（Laclau＆ Mouffe
1987: 84-85; 87）。總體說來，拉克勞與穆芙
對葛拉斯的回應，仍然堅持其看法，這也引
來葛拉斯於《新左派評論》上，第二度撰文
批判拉克勞與穆芙（Geras 1988: 34-61）。

　　持平而論，拉克勞與穆芙和葛拉斯之間
的論戰，雖然有澄清論戰雙方見解的作用，
但是其中有些部分卻是流於情緒性的批評與

攻訐（Laclau & Mouffe 1987: 81; Geras 1988:
44），而非學術上的理性討論。況且，拉克勞
與穆芙的理論觀點，雖然有某些部分背離馬
克思主義，但是這並不表示他們的理論內容
毫無可取之處。因此，本章將針對拉克勞與
穆芙的學說作一評析，首先是檢視言說❶的
合理性；其次則是探討民主革命的可行性；
最後則是探究拉克勞與穆芙的理論方法論，
並藉由理論方法論的探討，對其理論做一整
體評析。

一、言說之評析

　　拉克勞與穆芙的理論最受批評之處，除
了自稱其理論爲後馬克思主義之外，以符號
認同爲基礎所建構的言說形構與言說主體部
分亦遭受莫大的質疑。
　　拉克勞與穆芙言說的提出，基本上有三

個明顯的立場。第一，反對黑格爾的唯心論，同時亦反對馬克思的唯物論，所以言說的目的在試圖統一唯心論與唯物論之間的對立。第二，拉克勞與穆芙反對唯心與唯物的對立，其實也是在反對任何形式的本質論，所以希望藉由符號學的概念，並引用後結構主義的解構方法來打破本質論的迷思。第三，在打破唯心與唯物對立及本質論的同時，拉克勞與穆芙也冀望由符號言說的建構過程，說明當代的社會發展情勢，並強調社會的開放性與多元性，並從而導出可行的社會主義革命策略。

　　然而，依上述三個立場所精心設計的言說理論，雖然點出社會的開放性與多元性，但是藉由符號出發來分析實際的社會現象，而呈現理論上的缺失，卻也是不爭的事實。

　　首先從調和唯心與唯物之間的對立方面說起。拉克勞與穆芙認為，任何客體皆由言說所建構而成，即使社會裡的語言與行為間的關係亦是如此，因為它們的建構仍舊是言

說總體的一種形式（Laclau ＆ Mouffe 1985: 107）。並且，言說所建構的客體，並不涉及是否有一個思想以外的世界、或者並不涉及實存（realism）／觀念的對立。所以，拉克勞與穆芙說到：「毋須否認客體存在於思想之外，應該否認的是客體可以在言說條件以外建構本身」（Laclau ＆ Mouffe 1985: 108）。

葛拉斯認為拉克勞與穆芙的這種看法根本就是唯心主義者（Laclau＆ Mouffe 1987: 84），而魯思汀（Michael Rustin）也持同樣的看法（Rustin 1988：158）。然而拉克勞與穆芙認為，這是葛拉斯對於言說的一種誤解，並且將客體的存有與實存混為一談（Laclau ＆ Mouffe 1987: 84-85）。

基本上，拉克勞與穆芙認為唯心論與唯物論之間最大的區別，在於實體最終能否化約為概念的一種肯定或否定的爭論。並且，拉克勞與穆芙並不否認唯心論與唯物論之間，有某些部分是相互涵蓋的，例如黑格爾在《大邏輯》（*Great Logic*）一書中即表示，

唯物論是觀念論的最初與最粗糙的形式，所以唯物論在某種程度上其實是一種觀念論。至於馬克思的最終看法，仍然是肯定理性的存在，因而也保留了唯心論的成分（Laclau & Mouffe 1987: 87-88）。然而，問題的核心在於，無論是唯心論抑或是唯物論，都企圖將事實或實體化約為一種形式，例如依照唯心論的看法，則任何客體離開觀念即不復存在，而在馬克思的論述之下，客體則只能在人類的社會關係❷中獲得意義（Laclau & Mouffe 1987: 91）。因此，唯心論與唯物論最後都無法避免的成為本質論。

　　相較於唯心論與唯物論的本質形式，言說所企圖說明的是，任何實體乃至於人類的行為、概念等等，都只能是一種言說。例如在維根斯坦的例子裡，石材建物原來是毫無意義的，但是透過兩人之間的對話，石材建物才成為兩人之間的共同話語與概念。換句話說，任何實體或人類的行為、概念等等，都只是言說場域裡漂浮的能指，必須藉由言

說的接合實踐，才能顯出其意義，而為人們所知覺。

　　但是，拉克勞與穆芙雖然企圖以言說來調解唯心與唯物之間的爭論，從而擺脫任何形式的本質論。然而，拉克勞與穆芙所採取的調解立場，最後卻演變成為一種依賴一套歸類體系的命名過程。因為拉克勞與穆芙所說的「任何物體皆由言說所建構」、「毋須否認客體存在於思想之外」，這即表示任何客體還是要在言說的範圍之內，才會有意義產生，然而即使言說的建構具有開放性、任意性及暫時性等等特質，但是不可否認的是，言說一旦建構完成，它就是一個暫時封閉的體系。況且，拉克勞與穆芙並不否認一切的實存或自然物體的存在，仍須依賴一套歸類體系（Laclau & Mouffe 1987: 84）。也就是說，這套歸類體系與言說產生接合實踐，才賦予物體名稱。因此，從這個角度來看，任何客體雖然皆由言說所建構，但是言說所建構的客體，卻是在暫時封閉的體系下進行，

而且最終仍然演變成為一種命名過程，所以
葛拉斯及魯思汀即認為，言說只是把眾多的
實體化約為抽象，而且拉克勞與穆芙雖然極
力強調言說的開放特性，但是最後終究又是
一種封閉的一元論（Geras 1987: 78; Rustin
1988: 58）。

　　從上述的說明可以發現，雖然拉克勞與
穆芙認為言說與唯心論及唯物論之間的最大
差異在於，言說是一種任意接合，有關任何
實體或行為、概念的意義都處於不確定，只
有在不同的言說裡，才能賦予其暫時的意
義，所以言說是開放的，不是由某種形式本
質所支配。相反的，唯心論或唯物論預設了
支配的存在，所以任何實體或行為、概念的
意義，皆由此預設本質所操縱、支配，因而
唯心論或唯物論最後即成為一種必然、封閉
的關係體系。然而，儘管言說的建構是任意
的、開放的與暫時的，但是不可否認的，任
何意義必須為這個暫時封閉的體系所賦予，
所以不可避免的，言說終究走向封閉體系，

淪爲另一種形式的本質論。

　　其次，既然言說否定了任何形式的本質
論，則在社會衝突對抗的起因，究竟是物質
抑或是意識形態所產生的議題方面，拉克勞
與穆芙即主張在言說條件之下，接合實踐不
應當有言說與非言說的區分。換句話說，拉
克勞與穆芙認爲，既然觀念與物質都是一種
言說，則對於任何社會實踐過程，予以區分
爲意念實踐或物質實踐，沒有任何意義。因
此，只有透過言說的接合實踐，才能完全解
釋社會衝突對抗的根本原因。

　　由於以符號學爲基礎所形成的言說理
論，不但調解了唯心與唯物之間的對立、也
去除了社會衝突對抗的起因究竟是意念抑或
是物質的本質色彩，因而賦予拉克勞及穆芙
進一步思考以言說來建構革命策略的空間。
因此，在符號學所提供的理論基礎之下，拉
克勞與穆芙將個人視同符號學裡的能指概
念，而將個人所處的團體脈絡視爲所指，並
且強調個人與團體之間的關係原本是一種任

意關係。也就是說，個人進入某一個團體並非強制，並且可以隨時進出團體。但是一旦政治介入個人與團體之間的關係，則這種任意性即會被必然性所取代。換句話說，個人進入團體之後，必然為團體所捆綁，而且團體為增強實力，勢必又向外拓展，但是社會上其他的團體或個人為了阻礙其擴展，必然結合起來與之對抗。因此，就這個觀點而言，在政治的介入之下，社會的衝突對抗雖然已成必然之勢而無法避免，但是可以肯定的是，這種衝突對抗絕對不是以階級為基礎的對抗。因此，馬克思主義以本質論為基礎所提出的階級革命觀點應予捨棄。

　　不可否認的是，當代的政治社會雖然呈現多元化的現象，或許可以這麼說，亦即有多少個政治、社會議題，即有多少個相關的團體存在，但是這些團體的形成能夠簡單的以言說符號的接合實踐來表述嗎？所以，以言說來解釋社會現象，特別是涉及革命主體的形成部分，也是有其可議之處。如衣格頓

（Terry Eagleton）即認為拉克勞與穆芙的這種
觀點，將使得階級與政治／意識形態脫離邏
輯上的關聯，並且衣格頓也質疑拉克勞與穆
芙將革命主體視為是霸權接合活動的看法，
因為這種說法容易導致兩個結果產生，亦
即，第一，除非透過政治上霸權活動的展
開，否則社會根本沒有所謂的社會主體；第
二，社會主體原本即已存在，只是藉由霸權
活動，而提供社會主體之間差異認同的條件
（Eagleton 1991: 215）。從衣格頓的質疑，可
以進一步質疑拉克勞與穆芙的幾個觀點。

　　先就第一點而言，如果社會主體是政治
上言說的霸權接合實踐所產生，則從某一個
角度來看，這種論點無異表明霸權其實就是
強制個人接受某一種符號標籤或認同，然而
既然是強制，則可能有接受或極力抵抗的情
況出現，這也就是衝突對抗之所以產生的原
因，但是問題的癥結在於，是何種原因致使
抵抗成為可能？關於此點拉克勞與穆芙卻未
能充分說明。

　　再就第二點而言，如果社會主體早已存
在，而霸權活動只是提供其差異認同的條
件，則社會主體的符號認同勢必也要經歷一
番的強制——抵抗程序，因而上述所說明的
情況仍然會在此出現。

　　所以，歸結這兩點情況，拉克勞與穆芙
以言說來界定個人與團體關係的觀點呈現了
兩個理論上值得商榷之處。

　　首先，拉克勞與穆芙對於主體的形成，
只是從政治上的觀點出發，因而社會主體的
符號認同只能在強制——抵抗的程序中運
作。然而，以社會實際上的情況來看，主體
與符號認同之間並非完全是政治性的組合，
也並非完全是強制——抵抗的關係，如商
會、公會、同鄉會等等團體即是明顯的例
證。其次，拉克勞與穆芙的觀點明顯的並沒
有將主體的個人意識考慮在內，因為拉克勞
與穆芙曾經提到衝突對抗發生的主要原因，
在於從屬關係的轉化為壓迫關係，然而這種
轉化毋須藉由個人意識的中介即可獲得嗎？

這些都是拉克勞與穆芙所忽略的因素，而致使其理論產生不明確之處。

從以上的分析可以理解，拉克勞與穆芙雖然試圖打破馬克思主義的本質論主張，但是不可避免的還是掉入形式本質論的泥沼裡，所不同的是，馬克思本人是以物質為出發點，而西馬或新馬一系的馬克思主義，則大都以意識形態為本，至於拉克勞與穆芙則只關注於政治。

筆者認為，單從某一個因素來說明或分析社會及社會主體認同的生成，不但容易掉入一元論，而且無法表述事實真相。事實上社會是由許多相互關聯的因素所構成，其中首要因素就是人意識本身的存在，而人在意識本身的存在之後，為了能夠繼續生存，所以必須如黑格爾所指出的，藉由人的勞動進行開物成務，利用厚生的工作，因而人即與自然發生關聯，從而也說明了經濟因素對於社會的重要性。然而，開物成務，利用厚生的工作又非一人之力所可完成，所以分工即

成為必要，而分工所生產之物，則又必須面臨分配問題，於是又必須仰賴一套典章制度，因而政治因素又與人類的社會生活發生關聯。但是如何使得社會群體皆能接受這套典章制度，這又須仰賴一套人類共同生活的經驗累積，這套人類共同生活的經驗累積，可以稱之為歷史文化或意識形態。因此，人類社會的組成，並非任何形式本質所可以涵蓋，而是人的自我意識、經濟、政治、意識形態等等因素所交織形成。

　　既然人類社會的組成，包含人的自我意識、經濟、政治及意識形態等等因素，則社會主體的認同也斷非單一因素所可以解釋。比較合理的說法，應該是人在勞動分工的過程中，意識到生產力與生產方式的差異、意識到資源與所得分配的差異，從而產生自我認同作用，而將自己歸類於某一個社會階級或團體。然而，必須指出的是，人的自我意識與意識形態是息息相關的，因為意識形態是人類共同生活的經驗累積，舉凡人類的社

會生活規範，如道德禮教、價值觀念、典章
制度的制定依據等等皆可涵蓋在內，社會也
就是希望透過意識形態，模塑個人的行為規
範，以使得符合社會的要求，這種意識形態
對於個人的模塑作用即是所謂的社會化
（socialization），或是馬克思、阿圖舍所說的
再生產。

　　因此，總結上述的觀點，拉克勞與穆芙
以政治為出發點，從而強調社會主體認同與
社會關係是一種強制——抵抗模型的看法，
容易掉入政治本質論。所以，如果將言說的
觀點做一修飾，將霸權接合實踐轉化為個人
的主體意識與社會組成因素之間的一種互動
過程，從而個別主體之間，因為這種互動過
程而產生共同意識接合，從而產生集體認同
的看法，應當是較為合理的解釋。

二、民主革命之評析

　　在上一章曾指出，民主革命是拉克勞與
穆芙針對當代資本主義的發展及對於馬克思
主義革命策略的一種反思結果。但是這種反
思如果再予以深入分析，其實是由兩個因素
所造成，一是馬克思主義本身面臨發展的危
機，例如馬克思所預設的階級革命，不但未
在資本主義國家出現，反而造成勞動階級的
階級認同危機。除此之外，在1985年當拉克
勞與穆芙發表《文化霸權與社會主義戰略》
一書時，代表社會主義陣營的共產政權尚未
崩　潰　，　仍　存　在　著　威　權　主　義
（authoritarianism），因而對於社會主義的發
展，產生負面的影響。至於第二個因素則是
馬克思主義的革命策略跟不上資本主義發展
的腳步，例如在馬克思所處的時代，並沒有

核戰（nuclear war）及生態保護等議題，而
即使當代從事反核運動或生態保護運動人
士，不乏以馬克思主義或社會主義者自居，
然而在革命策略與目標上，卻容易導致本位
心態，以致於無法建構宏觀的革命理論
（Hunter 1988: 885）。因此，拉克勞與穆芙所
提出的民主革命，除了要延續社會主義的發
展之外，另外則負有整合社會主義革命策略
的任務。

　　然而拉克勞與穆芙所提出的民主革命策
略，並非其原創性的觀點，甚至其中的某些
看法，仍然延續自葛蘭西，只是將葛蘭西的
文化霸權概念加以修改罷了。例如在前一章
節已指出，拉克勞與穆芙認為，如果套用言
說架構來說明，則言說形構與言說場域之間
的一種緊張關係，其實就是葛蘭西所說的
「組織（有機體）的危機」；而言說形構就是
葛蘭西的「歷史性集團」；至於民主革命也
就是葛蘭西的陣地戰概念。但是，拉克勞與
穆芙雖然自認所提出的看法超越葛蘭西的觀

點，可是拉克勞與穆芙的理論，仍然存有意
義不明之處。

　　首先，拉克勞與穆芙一再提醒左派社會
運動者正視新右派利用民主言說掌握霸權的
事實，而提出民主革命訴求來整合各種左派
運動，並藉此向新右派爭取霸權。然而，即
使拉克勞與穆芙欲以民主革命做爲左派共同
的革命價值，但是由誰來扮演整合的角色，
是普勞階級？女性團體？生態保護人士？抑
或是族群運動者？還是另外有其他個人或團
體足以擔任這個角色？拉克勞與穆芙卻未能
明確指出，所以歐斯朋認爲，拉克勞與穆芙
的民主革命策略，是一種缺乏霸權領導者
（Hegemonizer）的霸權論（Osborne 1991:
218）。

　　其次，如果按照上一節所指出的，霸權
的性質是政治，其建構過程是一種強制－抵
抗關係，也就是說，正是因爲新右派企圖建
構霸權，強制社會主體進入其言說形構，因
而引發左派的抵抗。然而，拉克勞與穆芙同

時指出霸權最後會形成團體之間的對抗，所
以這是否意味著民主革命在整合左派運動
時，也是依循強制－抵抗的模式來從事整合
活動？如果答案是肯定的，那麼左派內部即
陷入另一場爭奪，而無法獲得一致的立場，
又如何能協力共同對抗新右派？相反的，如
果這種整合不是依循著強制──抵抗的模
式，則左派的整合又是如何進行？這也是拉
克勞與穆芙所未能明確指出之處。

　　上述的兩點，是拉克勞與穆芙的觀點最
受眾多學者質疑之處。然而，針對歐斯朋質
疑誰來扮演左派接合者的角色問題，伍德
（Ellen Meiksins Wood）倒是另有見解。伍德
認為，這個疑問的答案必須從明示與暗示兩
個方面來看，其中明示的部分，也就是歐斯
朋的質疑。換句話說，沒有所謂的左派整合
者，所以只能期待各左派運動願意相互接合
為言說。至於暗示的部分，則是拉克勞與穆
芙冀望由知識分子來扮演左派整合的角色。
而伍德認為，這個暗示性的意涵，應該是拉

克勞與穆芙真正所要表述的解答（Wood
1986: 63-64）。也就是說，拉克勞與穆芙一如
葛蘭西的主張，重視知識分子在革命運動中
所扮演的角色。

　即使拉克勞與穆芙希望由知識分子來擔
負宣傳革命及接合左派運動的角色。換句話
說，左派陣營以民主革命為訴求的接合，不
是一種強制──抵抗關係，而是透過知識分
子的宣導，但是民主革命是否真能成為左派
革命的共同價值，仍然有令人質疑的地方。
如杭特爾（Allen Hunter）與歐斯朋即指出，
拉克勞與穆芙所訴求的對象是具體的團體，
這些團體之所以存在，就是因為他們有各自
的鬥爭策略與認同（Hunter 1988: 888;
Osborne 1991: 220-221）。既然不同團體之間
的策略與認同各有不同，則目標也必定不
同，所以如何期待他們能夠彼此接合。因
此，歐斯朋認為，拉克勞與穆芙忽略了一個
事實，亦即無論男性或是女性、黑人或是白
人等等，都具有勞動者的身分，所以只有以

此為訴求才能將左派結合起來（Osborne 1991: 221）。另外，已經過世的米立班也曾經提出相同的看法（Miliband 1985: 9-10）。

持平而論，拉克勞與穆芙試圖以民主革命做為社會團體的共同訴求，確實未能考慮到其他團體的個別訴求與目標，然而米立班及歐斯朋等人主張以勞動為訴求，也是犯了同樣的缺失，例如環保、生態等等議題如何與勞動牽連在一起，即是米立班等人所未能提出說明之處。筆者則認為，哈伯馬斯的溝通行動（communicative action）理論或許能解決這些窘境。

哈伯馬斯的溝通行動理論，主要在以符號的溝通及互動為分析起點，希望藉由符號的溝通及互動關係的分析，尋求建立平等社會的可行性。

哈伯馬斯認為，溝通行動必須以四項聲稱（claim）為基礎。第一是可理解聲稱（comprehensibility claim），即談話的意義是可以理解的；第二是真理聲稱（truth

claim），即談話者的命題內容是真實的，可
提供對方瞭解的材料；第三則是正當聲稱
（rightness claim），也就是談話行動是正當得
體的，談話雙方瞭解彼此的關係；至於最後
一項則是真誠聲稱（truthfulness claim），亦
即談話者的意向是真誠的，能爲談話對方所
瞭解。這四項聲稱不但是溝通行動的基礎，
而且也確立溝通的有效性。因此，哈伯馬斯
有時也將以此四項聲稱爲基礎所建立的溝通
行動稱之爲「純粹的溝通行動」（pure
communication）（黃瑞祺 1996：7-8）。

　　基本上，哈伯馬斯認爲任何以有效聲稱
爲基礎所提出的溝通行動，蘊含相互期望
（reciprocal expectation）的存在，也就是說，
溝通的雙方彼此承認有效聲稱，但是如果溝
通行動受到干擾，造成互信破裂（尤其是真
理聲稱與正當聲稱受到質疑），這時必須倚賴
理性討論（rational discourse）以爲補救，因
而溝通行動逐與理性討論產生關聯，成爲一
種相互辯證的關係（黃瑞祺 1996：8-10）。

　　雖然哈伯馬斯認為溝通行動與理性討論
是兩種不同的溝通形式，但是哈伯馬斯更認
為缺少理性的溝通或討論，將造成個人行動
上的自我誤解和相互誤解，從而造成社群的
錯誤意識（false consciousness）或意識形態
（黃瑞祺 1996：11）。所以哈伯馬斯將溝通行
動與理性討論結合在一起，無非要避免錯誤
意識或意識形態的存在，使得社會的組成個
人或群體能夠平等地運用理性來進行溝通、
討論，以獲得社會的共識，這也是哈伯馬斯
所企盼的理想社會模式（黃瑞祺 1996：11-
15）。只是社會的溝通過程往往滲入權力或意
識形態，造成「有系統地扭曲的溝通」
（systematically distorted communication）（黃
瑞祺 1996：17）現象，所以哈伯馬斯的批判
理論就是在批判這種「有系統地扭曲的溝
通」，藉以建立公平合理的社會生活。

　　溝通行動理論不僅是哈伯馬斯的理想社
會形式，也是哈伯馬斯對於馬克思歷史唯物
論重建的部分。哈伯馬斯認為馬克思歷史唯

物論的基本概念是社會化勞動，所以勞動不
僅涉及人類開拓自然和利用自然，也涉及人
群的合作經營，而人的勞動目的在求生存及
繁衍族類的生活必需品，這是人類的一種工
具性行為，也就是人類利用自然，以滿足物
質需求的手段（洪鎌德 1996：15）。

　　然而哈伯馬斯認為，當代社會的壓迫與
剝削，並非如馬克思所言，是源自生產關係
或是階級關係，相反的，人與人之間不平等
及人際之間糾紛的泉源，主要表現在人利用
語文進行的象徵或符號溝通、現存的規範、
語文的使用及表達能力等等。這是因為在當
代社會，實踐知識已為技術知識所取代，因
而人逐漸失去溝通、思維與自我省察等能
力，以致於工具性的勞動，不再實現人反省
和溝通的目的，造成人的非人化，也受到科
技擁有者的凌虐宰制。因此，哈伯馬斯認
為，現代人要求解放的方式，必須將勞動實
踐（工具行為）與理論（符號溝通）結合起
來，以形成一種社會批判，如此才會將勞動

轉化爲反思、有計畫及有目的之行爲，也才
能避免社會生產僅爲少數人服務的弊病，從
而使得社會大眾獲得最大的滿足（洪鎌德
1996：15）。

　　哈伯馬斯的溝通行動理論與拉克勞及穆
芙相似之處在於同樣反對經濟決定論；同樣
以抽象的符號概念來建構社會的關係網絡。
至於相異的部分則在於拉克勞與穆芙是以政
治上的符號宰制來思考社會關係，而哈伯馬
斯則以社會上的符號溝通方式來思考社會關
係。然而哈伯馬斯的觀點與拉克勞及穆芙相
較之下，或許不如後者對於革命抱持積極的
態度，但是與米立班及歐斯朋比較起來，卻
與他們只考慮人（女性運動、族群運動等等）
而不探討人與自然（生態、環保等等）的關
係，則又顯得略勝一籌。因此，如果以哈伯
馬斯的觀點爲架構，一方面思考人與人之間
的符號溝通關係，另一方面思考人在勞動過
程與自然界之間的關係，從而重新構思一種
社會主義戰略，應當是較爲可行的思考起

點。

　　最後必須指出的是，拉克勞與穆芙的霸權觀點最終形成陣營之間的對抗，只是這種對抗並非一種階級革命論，而是一種權力集團（Power Bloc）──人民（People）之間的對抗形式（Wood 1986：50）。然而，僅管拉克勞與穆芙受到傅柯的影響，認為權力集團──人民之間的對抗關係不必然是一種國家──市民社會的對抗關係，而是權力集團不斷改組，人民主體亦不斷改變的反權力──壓迫的對抗關係（陳光興 1992：168），但是從拉克勞與穆芙一意與新右派爭奪霸權的角度來看，既然新右派是掌握國家霸權機器的權力集團，則拉克勞與穆芙的革命策略很難與國家──市民社會的對抗模式分離。換句話說，拉克勞與穆芙雖然極力拋棄古典的國家──市民社會的對抗模型，但是卻又回到古典理論的範疇，這或許是拉克勞與穆芙未能察覺之處。

三、方法論之評析

　　拉克勞與穆芙雖然嚴厲批判與質疑馬克思主義，例如批判正統馬克思主義的社會結構觀與階級觀點是一種經濟決定的本質論、質疑葛蘭西及阿圖舍的階級主體觀是一種意識形態的唯心本質論，而且從社會結構觀與階級觀為出發點，質疑並批判馬克思主義的革命策略。然而，拉克勞與穆芙對於馬克思主義的批判，無論是社會結構觀也好、階級觀也罷，乃至於革命策略等等，都只是批判的表象而已，實際上本質論與辯證法才是拉克勞與穆芙所要批判或質疑的重點所在。

　　即使拉克勞與穆芙批判本質論，可是從上述的分析可以隱約看出拉克勞與穆芙的理論仍帶有本質論的色彩，所以本節即希望藉由理論方法論的探討，以探究拉克勞與穆芙

的理論之所以帶有本質論傾向的原因。

　　拉克勞與穆芙認為馬克思深受18世紀以來理性主義的影響，其中尤以黑格爾的影響最大（Laclau & Mouffe 1985: 95）。黑格爾影響馬克思最為明顯的部分，當屬本質論與辯證法，只是馬克思與黑格爾的差異之處在於馬克思的本質論與辯證法是採取唯物立場，至於黑格爾的本質論與辯證法則是以意念為出發點，也就是說，黑格爾傾向於唯心論。

　　黑格爾唯心本質論的主要表現在於黑格爾預設人類的歷史是理性或絕對精神運作的整體，也就是說，在黑格爾的觀念裡，思想有一個本體，這個本體即是理性，它支配著人類歷史的發展。因此，人類一切的衝突，最終將融入理性而歸於無形（Laclau & Mouffe 1985: 95）。黑格爾的這種推理，與其唯心傾向的辯證法有關，因為在黑格爾的觀念裡，認為人之異於禽獸之處，在於人具有精神性，並且人所具有的精神是一種主觀的精神，而人為了證明與禽獸及自然有異，因

而一方面藉由搏鬥來贏取他人的承認與尊
重；他方面則藉由勞動以克服自然的障礙，
進而以理念來馴服自然事物。換言之，黑格
爾是從人與自然的關係爲起點，認爲人乃藉
由勞動而意識到人的自我本質（洪鎌德
1984：23；1997a：27-28），至於意識的獲得
則有賴於異化過程。所以黑格爾指出兩點：
第一，勞動爲人類實現其本質的一種活動；
第二，這種人類的本質係在「異化」當中求
取實現，而勞動本身即是一種異化過程。因
此，依據黑格爾的看法，異化乃是推動辯證
發展的動力，透過辯證的向前或向上的發
展，造成人類爲一自我創造的過程。黑格爾
的此一見解，正是黑格爾將勞動與異化視爲
同一，從而導出歷史的發展將走向絕對精神
（理性）的辯證核心所在（洪鎌德 1990：
85）。

　　至於馬克思，雖然如同黑格爾一般，例
如同樣重視人的勞動本質，同樣視歷史爲主
體追求自由的辯證過程（洪鎌德 1997d：

15）。然而黑格爾的辯證推理基礎與對於異化
的看法，卻不爲馬克思所接受，這是因爲黑
格爾的論點係將人以神的姿態（人是自我異
化的神）表現出來（洪鎌德 1990：48；
1997d：15），並賦予精神意識，從而認爲人
藉由不斷克服自然的勞動異化過程，得以增
進自我認識，所以透過精神──異化──精神
……的不斷向上或向前的辯證過程，人因此
可以獲得完全的理性，充分的認識自己，而
這即是人類歷史的最終目的所在。因此，可
以明顯的看出，黑格爾的辯證觀點具有唯心
傾向，而且其異化觀點是一種外在異化論，
必須是人與外在的自然產生關聯，才能顯現
異化，而這些觀點都是馬克思所反對而不能
接受的。

　　對於馬克思來說，人類的歷史目的不在
於絕對精神的求取，而是爲了生存繁衍的持
續，而爲了生存繁衍，人類勢必藉由勞動生
產以遂此目的。但是因爲人自身的生產有
限，因而人類的生產活動無法避免的走向分

工，然而生產活動走向分工的結果，不但造成生產關係與社會關係發生變化，更為嚴重的是生產本身也起了變化，這種變化即是勞動異化現象的顯現（洪鎌德 1990：88-89），也就是馬克思在《巴黎手稿》中所強調的四種異化形式，亦即人在勞動過程中與自己所生產的產品相異化、與自己的勞動過程相異化、與自己的類本質相異化及與他人相異化。換句話說，馬克思認為真正的異化是人在勞動過程中遭逢挫折與失敗，才使得人類的勞動得以重新整合（洪鎌德 1990：86）。因此，人的歷史是人在勞動過程中，透過不斷的異化而延續下去，所以是一種勞動——異化——勞動……的不斷向上或向前的辯證過程，藉由這個辯證的過程，異化現象將逐漸消逝，接踵而至的則是完全自由社會的來臨，也即是共產社會的建立。

　　從上述的說明可以發現，馬克思雖然和黑格爾一樣，強調史觀、重視勞動異化過程及採用辯證法，但是馬克思和黑格爾之間實

際上存在著極大的差異。首先就史觀而言，
黑格爾認為精神意念是歷史發展的原動力，
而人類歷史的最終目的，也即是絕對精神的
獲取。然而馬克思認為，人類的歷史是一部
生存史，為了求生存才會進行勞動生產，所
以物質才是人類歷史發展的原動力。其次，
就勞動異化而言，黑格爾認為異化辯證過程
是經由異化其本身（正）、外化其本身為外在
世界（反）、將外在世界再度吸收到本身（合）
等三個過程而達成（洪鎌德 1997d：14），但
馬克思的異化辯證過程卻是不假外在世界，
而是人在勞動過程中所引發的一種內在世界
的辯證。再就辯證法的基礎而言，由於黑格
爾強調人類的歷史在追求精神意念，因而其
辯證的基礎是以唯心論為出發點，而馬克思
則主張人類的歷史在求生存，所以其辯證的
基礎自然是以唯物論為根源。

　　拉克勞與穆芙認為，馬克思以物質來解
釋社會的建構及歷史的發展，雖然擺脫了黑
格爾的唯心論，但馬克思所遵循的方法仍然

是黑格爾的辯證法。因此，馬克思雖然「顛覆了黑格爾主義，卻仍是黑格爾的形式」（Laclau & Mouffe 1987: 90）。換言之，馬克思本人雖然極力想擺脫黑格爾，將黑格爾的唯心立場轉換為物質，但在辯證法的陰影下，馬克思以物質為出發點的結果，在拉克勞與穆芙看來仍然是一元論（monist），亦即馬克思仍舊企圖以單一因素掌握歷史的本質（Laclau & Mouffe 1985: 4），所以馬克思仍然無法避免黑格爾的影響，而陷入本質論的泥沼。

辯證法之所以和本質論息息相關，主要的原因在於一個最後本質立場的預設（在黑格爾為絕對精神，在馬克思則是共產社會）。因為在黑格爾的看法裡，辯證法包含三個部分，即命題（thesis）、反命題（antithesis）與綜合命題（synthesis）。命題（正）與反命題（反）所構成的對立或衝突，會在綜合命題（合）裡獲得最後的解決（Seung 1982: 104）。這意味著每一個命題本身，即蘊含著

一個反命題存在（矛盾），而反命題不斷的否
定命題（否定），最後命題與反命題達成統
一，形成一個較原命題更為高級的新命題
（否定的否定）。而這種辯證過程會如此反覆
繼續，一直到達最後本質為止。因此，如果
以一個社會的發展來看，為了朝向這個預設
的最後本質發展，社會的其他組成因素和本
質相互辯證的結果，只能別無選擇的進入這
個總體，所以組成因素與整體的關係變成封
閉的、必然的關係。

　　拉克勞與穆芙之所以質疑辯證法，即是
質疑這種封閉的、必然的內在規律，這可從
兩方面來探討：一是從命題本身來看，若命
題本身蘊含反命題存在，則命題與反命題即
是相互差異且有彼此牽連的轉換關係，而不
是單純的本體。二是從綜合命題來看，若命
題與反命題最後都將進入綜合命題，這就表
示辯證不是在一個封閉的體系內進行，而是
必須不斷地吸納，否則最後的綜合命題，也
就是理性或絕對精神即無法達到。所以拉克

勞與穆芙認爲黑格爾的辯證法所建構的認同
本身不能是一個實證（positive）、封閉的
（closed），而應該是一種轉換（transition）、
關係（relation）與差異（difference）（Laclau
& Mouffe 1985: 95）。因此，拉克勞與穆芙認
爲，要肯定接合、肯定社會建構的開放特性
及沒有本質存在，首先必須捨棄辯證法，因
爲辯證法對於轉換預設了一個基礎本質
（Laclau & Mouffe 1985: 95）。

　　總而言之，在拉克勞與穆芙的看法裡，
黑格爾與馬克思由辯證法所推演出來的整體
觀與最後本質論，皆無法正確地描述社會。
因此，在馬克思學說裡所預設的經濟優先於
政治與意識形態的看法應予捨棄（Mouffe
1988: 90）。而爲了強調社會不可能是一個完
整的總體，拉克勞與穆芙對於「社會」一
詞，捨去了帶有總體意味的Society，而代之
以The Social，即是要去除最後本質論色彩濃
厚的社會整體觀（張榮哲 1995：134）。

　　然而儘管拉克勞與穆芙對於辯證法迭有

批評，運用後結構主義的解構方法企圖重新模塑馬克思主義，但是在其學說架構裡，仍然潛藏著辯證法的影子存在。

就解構的意涵而言，解構雖然是針對傳統形而上學的一種批判，可是在某種意義裡，解構也針對辯證法提出批評，如德希達即是一例。

德希達認為，黑格爾式的辯證法所蘊涵的兩個辯證過程，首先預設認同有異己的存在，而異己是對認同的否定；其次預設異己必然融入認同，而形成更高層次的認同。這種辯證形式只是一種巧妙手法的運用，只是將否定的異己從認同裡分離出來，然後再一次併入認同的過程罷了（Ryan 1982: 66-67）。當然黑格爾的辯證法之所以透過上述的兩個過程表現出來，原因就在於本質立場的預設，所以德希達的解構即是在擺脫本質論，否定絕對基礎的存在（Ryan 1982: 68）。

在第二章第三節已經提到德希達主張異己存在於認同之外，相對於認同的在場，異

己則是以不在場的形式與認同形成差異塡補
運動。換句話說，認同的存在是認同本身與
異己相互作用的結果。所以，異己不是源自
於認同的內部，而是認同的外在形式。因
此，辯證是認同與異己之間的對立，而不是
認同吸納異己，從而導出更高層次的認同。
另外，由於任何認同都是暫時的，只能在文
本脈絡下發現其意義，所以辯證不能有最後
的本質預設，而是不斷的轉換。因此，德希
達的解構在說明兩點：第一，辯證不能在封
閉的理性整體下進行，而是在開放的差異體
系之下才能運作；第二，辯證不能預設指引
方向，只能是暫時的現象（Ryan 1982: 81）。
換句話說，德希達的辯證觀點並不預設辯證
的未來必然是向前或向上發展，而只強調辯
證因素之間的當下情勢。

　　至於拉克勞與穆芙，雖然與後結構主義
者一樣，企圖以解構方法來消溶馬克思主義
的本質論與辯證法，但是拉克勞與穆芙的解
構和其他後結構主義者有著顯著的不同，甚

至可以說和黑格爾式的辯證法的關聯更大。

　　拉克勞與穆芙和後結構主義者的相似點是強調二元對立的辯證模式，例如言說形構與言說場域之間的緊張關係、言說形構裡環節之間的關係就是明顯的例子。然而在對抗關係上，拉克勞與穆芙企圖以「民主革命」串連其他社會運動的做法，卻讓人有對抗必然是兩個對立陣營之間對抗的聯想，這種論述脫離不了黑格爾式的辯證法，也是拉克勞與穆芙和後結構主義的解構方法最為明顯的差異之處。

　　首先，如果對抗必然是團體之間的對抗，那麼團體如何形成？當然拉克勞與穆芙已經明白表示是接合過程中，同值作用發揮效力的結果，問題在於能指為何必然要接受同值？而且只能在此或彼當中選擇其一？這些疑問拉克勞與穆芙並沒有提出具體的說明。因此，不得不令人懷疑同值實際上具有本質意義，只是拉克勞與穆芙所預設的一種接合的必然。

其次，拉克勞與穆芙為團體之間的對抗描述了一個結果，亦即激進與多元民主政治的來臨，這不禁又令人質疑是最後本質論的預設，而且這也背離結構主義與後結構主義同時態而非歷時態研究的本意，將團體之間的辯證對抗關係，預設了向前或向上的發展方向。

從上述的說明可以發現，拉克勞與穆芙的理論方法不完全是解構方法的運用，而是辯證法與解構方法的交互運用。也就是說，拉克勞與穆芙只運用後結構主義的解構方法來強調辯證不能在封閉的體系裡進行，並且以解構方法來說明異己並非源自於認同，而是與認同處於外在的二元對立辯證，在這之後，拉克勞與穆芙則重新引進辯證法，闡述社會結構如何建構及革命主體的產生原因，最後又預設了人類社會在歷經當代社會主義革命／反社會主義革命之間的對抗之後，必然走向激進與多元民主政治的結局。因此，若將筆者在前面幾章所說的，拉克勞與穆芙

企圖以後結構主義的解構方法來解構並重建
馬克思主義再做一完整的陳述，則可以表述
爲，拉克勞與穆芙是以後結構主義的解構方
法以解構馬克思主義，而以辯證法來重新建
構馬克思主義，這即是拉克勞與穆芙的理論
帶有本質色彩的重要原因。

註　釋

❶筆者在此對於言說形構與言說主體不做嚴格區分，因
　爲兩者實可視爲同一，故而統以言說稱之。
❷社會關係依照馬克思的看法，就是一種生產關係，以
　法律字眼來說，也就是一種財產關係。請參閱本論文
　第二章第一節有關馬克思〈序言〉的引文。

第六章

結　論

在緒論部分筆者已經指出討論馬克思主
義是否已經消亡的議題不能單從前蘇聯等共
產政權崩潰的層面來探討，最主要的原因在
於，第一，如果前蘇聯等國家的共產主義與
馬克思主義不能劃上等號，則並無馬克思主
義業已消亡的說法；第二、若馬克思主義涵
蓋前蘇聯等國家的共產主義在內，則1990年
代所瓦解的只是部分的馬克思主義而非全部
的馬克思主義。因此，無論對馬克思主義與
共產主義之關聯持何種態度，可以肯定的
說，馬克思主義並沒有消亡的問題，只是隨
時代變遷而有了改變。除此之外，還可以肯
定的是，這種脫離了教條主義與極權主義的
改變，將是馬克思主義跨世紀發展的主要形
式，而本書所探討的拉克勞與穆芙，則是其
中的一種代表。

然而拉克勞與穆芙所提出的理論，雖然
創造了議題，引發許多的討論，但是所得到
的評價卻是負面的部分居多。可是一個理論
雖然遭受許多的質疑與批判，並不代表這個

理論不具任何意義，因爲拉克勞與穆芙確實指出馬克思主義的窘境。因此，在結論部分，筆者提出兩個暫時性的看法：一是關於拉克勞與穆芙的社會主義戰略；另一則是關於後馬克思主義的時代意義。

一、社會主義戰略

　　拉克勞與穆芙雖然極力批判馬克思主義的本質論，而運用後結構主義的解構方法，企圖瓦解馬克思主義裡，理性主義色彩甚爲濃厚的本質論，但是很顯然的，拉克勞與穆芙的精心計畫不能算是非常成功，甚至仍然保留著本質論的論述，並且其理論與馬克思主義的理論建構過程，存在許多相似性。

　　首先，就研究方法而言，拉克勞與穆芙雖然採用的是解構方法。然而，所謂的解構，仍然是一種辯證形式，可以說是辯證法

的一種，其中的差別只是解構並不強調發展
法則，不預設人類歷史的未來走向。可是在
拉克勞與穆芙的論述裡，似乎又將解構導入
辯證法，回到人類歷史的最後目的論，這是
拉克勞與穆芙想要拋棄辯證法，卻又與辯證
法產生關聯的矛盾所在。

其次，拉克勞與穆芙雖然企圖拋棄馬克
思主義的本質成分，但是從言說可以發現，
拉克勞與穆芙以同值來穩住言說，儘管拉克
勞與穆芙一再強調，任何言說都是一種暫時
性的穩定，可是從對抗面來看，拉克勞與穆
芙又有預設言說的霸權實踐最後必然造成兩
大陣營之間的對抗之嫌，這令人難以想像其
與本質論沒有牽連。因為既然當代的資本主
義體制之下，存在各種社會運動，則這些社
會運動如何願意接受民主革命這個同值意
義，實在值得懷疑。因此，民主革命的訴
求，等於是另一種形式的本質論。

再次，拉克勞與穆芙的理論建構過程，
與馬克思有極大的相似性。基本上馬克思是

以19世紀的西歐社會為出發點，強調經濟對
於人類的宰制，從而發現普勞階級，並將普
勞階級當成資產階級社會的普遍階級（洪鎌
德 1997d：77），因而賦予其推翻資產階級社
會的歷史任務。相較於馬克思，拉克勞與穆
芙則轉而強調當代資本主義社會的各種社會
對抗，因而將馬克思以經濟為基礎所發展的
理論，轉換為以政治為基礎。然而，拉克勞
與穆芙並未如馬克思一般，將普勞階級視為
普遍階級，反而不以階級革命為訴求，而是
承認各種抗議力量的存在。但是，拉克勞與
穆芙企圖建構一致的革命立場上，卻與馬克
思相似，差別僅在於，馬克思是將普勞階級
視為普遍階級，而拉克勞與穆芙則以民主革
命，聯合各式各樣的社會勢力，講求社會主
義的霸權，以做為左派的普遍訴求。

　　最後，拉克勞與穆芙雖然批判葛蘭西的
文化霸權觀點，例如認為葛蘭西的看法，仍
然承續馬克思的封閉整體觀，而且其革命主
體並非階級而是一種集體意志的形成，但是

拉克勞與穆芙的言說，最後又何嘗不是一種封閉的整體，而其對於革命主體的看法又與葛蘭西的集體意志有何不同。況且，拉克勞與穆芙又和葛蘭西一樣，重視知識分子的角色。因此，拉克勞與穆芙對於葛蘭西的批判，已失去有力的著力點。

　　總結說來，拉克勞與穆芙雖然亟欲捨棄辯證法、擺脫本質論，但是最後仍然陷入本質論的泥沼。而其欲以言說來解釋社會現象，仍然有其不足之處，因為言說只是將社會事實化約為一種抽象的論述，所展現的只是另一種化約論（Hunter 1988: 890-891）。

二、後馬克思主義的時代意義

　　葛拉斯之所以批判拉克勞與穆芙的後馬克思主義是告別馬克思主義，甚至可以直接宣告是「脫離馬克思主義」（ex-Marxism），

甚至是「反馬克思主義」（anti-Marxism），乃
基於五項理由（Geras 1987: 81-82）：

　　第一，在冷戰時代，左派的策略與法西
斯主義均被認為是極權主義
（totalitarianism）。

　　第二，拉克勞與穆芙的理論來源不是以
資本主義的社會條件與歷史為基礎，而是以
馬克思主義的學說（doctrine）為基礎。

　　第三，所以接續第二點，列寧主義與史
達林的威權主義（authoritarian），即成為拉
克勞與穆芙的理論來源。

　　第四，拉克勞與穆芙將馬克思主義的整
體理論與史達林主義或威權主義並論，彷彿
民主政治完全與馬克思無關。

　　第五，拉克勞與穆芙提出自由主義，強
調其道德原則可以保衛個人自由、實踐人的
地位。但馬克思主義與自由主義存有鴻溝，
並且缺乏共通的價值。

　　從上述五項理由可以得知，葛拉斯對於
拉克勞與穆芙的批判可以歸結為兩個方面：

一是質疑拉克勞與穆芙將馬克思主義與正統馬克思主義混爲一談；二是質疑拉克勞與穆芙強調與馬克思主義水火不容，但與資本主義極其密切的自由主義。

葛拉斯對於拉克勞與穆芙的第一項質疑，應該不是葛拉斯批判拉克勞與穆芙的主要原因，因爲違反馬克思追求人類解放原則的列寧與史達林主義，既然被接受爲是正統馬克思主義，則批判正統馬克思主義的拉克勞與穆芙爲何不能自稱是後馬克思主義，反而受到質疑。所以，拉克勞與穆芙企圖以自由主義來取代馬克思主義，應該才是是葛拉斯對於拉克勞與穆芙的理論最無法接受之處。因爲葛拉斯認爲，馬克思本人的學說裡，已經蘊涵個人自由的陳述，所以毋須以自由主義做爲人類解放的依據（Geras 1987: 82）。

持平而論，拉克勞與穆芙的理論即使有其不足之處。然而，拉克勞與穆芙確實點出了長期爲馬克思主義者所忽略的社會議題，

例如婦女、種族、族群、反核及生態環保等
等議題，所以歐斯朋即使質疑拉克勞與穆芙
的理論學說，但是歐斯朋卻也認為拉克勞與
穆芙是馬克思主義理論的「哥白尼革命」
（Copernican Revolution）（Osborne 1991:
202）。正如拉克勞所指出的，後馬克思主義
在與傳統的馬克思主義重新建立一種積極
的、活生生的對話關係（living dialogue），所
以從這個角度來看，後馬克主義並非告別馬
克思主義（Laclau 1993: 339）。

　　筆者認為，拉克勞與穆芙的理論雖然有
其局限性，但是如果依照拉克勞的說法，則
拉克勞與穆芙的確在馬克思主義內部，創造
了一個辯論議題，尤其在前蘇聯與東歐共產
政權崩解之後，當社會主義不再被等同為共
產主義，從而使得社會主義的發展有了更為
寬廣的空間。況且，當代資本主義的現況，
確實有許多社會抗議團體存在，這些都是左
派所不得不去思考的問題。因此，就此而
論，後馬克思主義仍然有其跨世紀的時代意

義。

　　最後必須要指出的是，後馬克思主義發展至今，應該區別其廣狹意義，廣義的後馬克思主義即是在緒論所提出的，至於狹義的後馬克思主義，則是拉克勞與穆芙所自稱的「後馬克思主義」，而拉克勞與穆芙的後馬克思主義，因爲是以後結構主義爲理論建構方法，所以拉克勞與穆芙的後馬克思主義亦可以稱之爲「後結構主義的馬克思主義」（Post-Structural Marxism）。

參考書目

一、中文

(一) 書籍

衣俊卿

1993　《東歐的新馬克思主義》，台北：唐山。

李連江

1994　《新保守主義》，台北：揚智。

李幼蒸

1994　《結構與意義——現代西方哲學論集》，台北：聯經。

洪鎌德

1983　《馬克思與社會學》，台北：遠景。1984年再版。

1986　《傳統與反叛——青年馬克思思想

的探索》，台北：台灣商務。1990年
　　　　三版。

1988　《新馬克思主義和現代社會科學》，
　　　　台北：森大；1995年再版。

1996　《跨世紀的馬克思主義》，台北：月
　　　　旦。

1997a　《馬克思社會學說之評析》，台北：
　　　　揚智。

1997b　《人文思想與現代社會》，台北：揚
　　　　智。

1997c　《馬克思》，台北：東大。

1997d　《馬克思「人的解放」之評析》，行
　　　　政院國家科學委員會專題研究計
　　　　畫。

1997e　《社會學說與政治理論──當代尖
　　　　端思想之介紹》，台北：揚智。

高名凱

1990　《高名凱語言學論文集》，北京：商
　　　　務。

馬克思、恩格斯

1972 《馬克思恩格斯選集》第三卷，北京：人民出版社。1975年，4印本。

徐崇溫

1994a 《結構主義與後結構主義》，台北：結構群。

1994b 《西方馬克思主義》，台北：結構群。

黃瑞祺

1994 《馬克思論方法》，台北：巨流。

陳光興

1992 《媒體／文化批判的人民民主逃逸路線》，台北：唐山。

陳學明

1996 《文化工業》，台北：揚智。

張錦華

1994 《傳播批判理論》，台北：黎明。

楊大春

1996a 《後結構主義》，台北：揚智。

1996b 《解構理論》，台北：揚智。

楊碧川

　1992　《歐洲社會主義運動史》，台北：前
　　　　衛。

蘇峰山

　1996　〈傅柯對於權力之分析〉，收錄於黃
　　　　瑞祺主編，《歐洲社會理論》，台北
　　　　中央研究院歐美研究所，頁99-
　　　　164。

托克維爾（Alexis de Tocqueville）著，馮棠
　　　　譯

　1994　《舊制度與大革命》，香港：牛津大
　　　　學出版社。

盧卡奇　（György Lukács），黃丘隆譯

　1989　《歷史與階級意識》，台北：結構
　　　　群。

　（二）期刊

水秉和

　1988　〈新保守主義的興起和衰落〉，《當
　　　　代》，23：66-73。

李樴

1986 〈解構不是虛無，是積極的轉換運
動〉，《當代》，4：18-21。

李永熾

1988 〈美國：新保守主義與文化〉，《當
代》，22：28-41。

吳密察

1988 〈日本：中曾根的新國家主義路
線〉，《當代》，22：42-47。

洪鎌德、黃德怡

1995 〈葛蘭西國家觀的評析〉，《中山社
會科學學報》，8（2）：1-40。

孫同勛

1988 〈美國：從保守到新保守〉，《當
代》，22：18-27。

梁其姿

1986 〈悲觀的懷疑者──米修‧傅柯〉，
《當代》，1：18-21。

黃瑞祺

1996 〈理性討論與民主：哈伯馬斯之溝
通理論的民主涵義〉，台北：中央研

究院《多元主義》政治思想學術研
討會論文。

黃道琳

1986　〈知識與權力的毀解——米修・傅
柯及其思想〉，《當代》，1：22-33。

陳光興

1988　〈史杜華・霍分析英國新右派佘契
爾主義〉，《當代》，24：66-76。

陳墇津

1989　〈文化霸權：觀念與反省〉，《中國
論壇》，333：38-48。

張榮哲

1995　〈拉克勞與慕芙的《霸權與社會主
義戰略》〉，《當代》，105：124-
139。

傅偉勳

1987　〈後馬克思主義與新馬克思主義
（上）〉，《中國論壇》，293：47-
53。

二、英文

(一) 書籍

Althusser, Louis

    1971   *Lenin and Philosophy*, New York &
            London: Monthly Review Press.

    1990a *For Marx*, London & New York:
            Verso.

    1990b *Philosophy and the Spontaneous*
            Philosophy of the Scientists & Other
            Essays, London & New York: Verso.

Anderson, Perry

    1976   *Considerations on Western Marxism*,
            London & New York: Verso, 1989
            3rd.

Aronson, Ronald

    1995   *After Marxism*, New York: Guilford
            Press.

Bertens, Hans

    1995   *The Idea of The Postmodern: A History*,

London & New York: Routledge.

Bocock, Robert

1986　*Hegemony,* London: Ellis Horwood Limited.

Derrida, Jacques

1978　*Writing and Difference*, London and Henley: Routledge & Kegan Paul.

Eagleton, Terry

1991　*Ideology*, London & New York: Verso.

Edgell, Stephen

1993　*Class*, London & New York: Routledge.

Foucault, Michel

1972　*The Archaeology of Knoeledge*, New York: Harper Torchbooks.

1980　*Power/Knowledge*, New York: Pantheon Books.

Frank, Manfred

1992　"On Foucault's Concept of

Discourse", in Timothy J. Armstrong (tran.), *Michel Foucault Philosopher*, New York: Routedge.

Fukuyama, Francis

1992 *The End of History And The Last Man,* New York: The Free Press.

Gramsci, Antonio

1978 *Selections from Political Writings (1921-1926),* translated and edited by Quintin Hoare, London: Lawrence and Wishart.

1971 *Selections from the Prison Notebooks,* International Publishers, 1992 ,11th edition.

Harland, Richard

1987 *Superstructuralism: The Philosophy of Structuralism and Post-Structuralism,* London & New York: Methuen.

Hassan, Ihab

1993 "Toward a Concept of Postmodernism", in Thomas Docherty (ed.), *Postmodernism: A Reader*, New York: Columbia University Press, pp.146-156.

Hudelson, Richard H.

　1993　*The Rise and Fall of Communism,* Boulder & San Francisco & Oxford: Westview Press.

Kellner, Douglas

　1995　"The Obsolescence of Marxism?", in Berned Magnus and Stephen Cullenberg (eds.), *Whither Marxism?: Global Crises in International Perspective,* New York and London: Routledge, pp.3-30.

Kurzweil, Edith

　1980　*The Age of Structuralism*, New York: Columbia University Press.

Laclau, Ernesto

　1977　*Politics and Ideology in Marxist*

Theory, London: New Left Book.

1988　"Metaphor and Social Antagonisms", in C. Nelson and L. Grossberg (eds.), *Marxism and the Interpretation of Culture*, Urbana: University of Illinois Press, pp.249-257.

1990　*New Reflections on The Revolution of Our Time*, London and New York: Verso.

1993　"Politics and Limits of Modernity", in T. Docherty (ed.), *Postmodernism*, New York: Columbia University Press, pp.329-343.

1996　*Emancipation (s)*, London and New York: Verso.

Laclau, Ernesto and Chantal Mouffe

1985　*Hegemony & Socialist Strategy: Towards a Radical Democratic Politics*, London and New York: Verso.

　　1985　Post-Marx

　　1987　　"　Post-Marxism　Without
　　　　　　Apologies", *New Left Review*,
　　　　　　166: 79-106.

Marx, Karl

　　1959　*Economic　and　Philosophic
　　　　　　Manuscripts of 1844*, Moscow:
　　　　　　Progress　Publishers,　1977,　5th
　　　　　　revised edition.

　　1964　*Selected Writings in Sociology &
　　　　　　Social Philosophy*, translated by T.
　　　　　　B. Bottmore, McGraw-Hill Book
　　　　　　Company.

　　1975　*Early Writings,* introduced by Lucio
　　　　　　Colletti,　translated　by　Rodney
　　　　　　Livingstone and Gregor Benton,
　　　　　　New York: Vintage Books.

Marx, Karl and Friedrich Engels

　　1955　*Communist Manifesto,* edited by
　　　　　　Samuel　H.　Beer,　New　York:

Appleton-Century-Crofts, Inc..

Mason, David S.

1992　*Revolution In East-Central Europe: The Rise and Fall of Communism and Cold War,* Boulder & San Francisco & Oxford: Westview Press.

Miliband, Ralph

1991　" Reflections on the Crisis of Communist Regimes", in Robin Blackburn (ed.), *After the Fall: The Failure of Communism and the Future of Socialism,* London and New York : Verso, pp.6-17.

Mouffe, Chantal

1979　" Hegemony and Ideology in Gramsci", in Chantal Mouffe (ed.), *Gramsci and Marxist Theory,* London, Boston and Henley: Routledge & Kegan Paul. pp.168-

204.

1988　　 "Hegemony and New Political Subjects: Toward a New Concept of Democracy", in C. Nelson and L. Grossberg (eds.), *Marxism and the Interpretation of Culture*, Urbana:University of Illinois. pp.89-101.

1993　　 The Return of the Political, London & New York: Verso.

Mouzelis, Nicos

1995　　 *Sociological Theory: What Went Wrong?*, London and New York: Routledge.

Murray, Robin

1990　　 "Fordism and Post-Fordism", in Stuart Hall and Martin Jacques (eds.), *New Times,* London and New York: Verso. pp.38-53.

Osborne, Peter

1991   " Radicalism Without Limit?
        Discourse, Democracy and the
        Politics of Identity" , in Peter
        Osborne (ed.), Socialism and the
        Limits of Liberalism, London and
        New York: Verso. pp.201-225.

Perkins, Stephen

    1993   *Marxism and the Proletariat: A
            LukAcsian Perspective,* London:
            Pluto Press.

Poster, Mark

    1989   *Cricical Theory and Poststructuralism:
            In Search of a Context,* Ithaca and
            London: Cornell University Press,
            1990 2nd edition.

Poulantzas, Nicos

    1978a   *Classes in Contemporary Capitalism,*
            London: Verso.

    1978b   *Political Power and Social Classes,*
            London: Verso.

Rouse, Joseph

　1994　　"Power/Knowledge", in Gary Gutting (ed.), Foucault, New York: Cambridge University Press.

Ryan, Michael

　1982　　*Marxism and Deconstruction,* Baltimore: The Johns Hopkins University Press.

Saussure, Ferdinand de

　1966　　*Course in Genernal Linguistics,* McGraw-Hill Book Company.

Seung, T. K.

　1982　　*Structuralism and Hermeneutics,* New York: Columbia University Press.

Stojanovic, Svetozar

　1988　　*Perestroika: From Marxism and Bolshevism to Gorbachev,* Buffalo & New york: Prometheus Books.

Wood, Ellen Meiksins

1986　　*The Retreat from Class: The New "True" Socialism,* London: Verso.

Wright, Erik Olin

1991　　"What Is Analytical Marxism", in Margaret Levi (ed.), Marxism, Volume I, U. S. A.: An Elgar Reference Collection. pp.491-512.

（二）期刊

Begersen, Albert

1993　　"The Rise of Semiotic Marxism", *Sociological Perspectives*, 36(1): 1-22.

Dandaneau, Steven P.

1992　　"An Immanent Critique of Post-Marxist", *Current Perspectives in Social Theory*, 12:155-177.

Geras, Norman

1987　　"Post-Marxism?", *New Left Review,* 163: 40-82.

1988　　"Ex-Marxism Without Substance: Being A Real Reply to Laclau and

Mouffe", *New Left Review,* 169: 34-61.

Hunter, Allen

    1988   "Post-Marxism and the New Social Movements", Theory and Society, 17:885-900

Janos, Andrew C.

    1996   " What Was Communism: A Retrospective in Comparative Analysis", *Communist and Post-Communism Studies,* 29(1): 1-24.

Laclau, Ernesto and Chantal Mouffe

    1987   "Post-Marxism Without Apologies", New Left Review, 166: 79-106.

McLennan, Gregor

    1996   "Post-Marxism and The 'Four Sins' of Modernist Theorizing", *New Left Review,* 218: 53-74.

Miliband, Ralph

    1985   "The New Revisionism in Britain",

New Left Review, 150: 5-26.

Mouffe, Chantal

　　1995　　"Politics, Democratic Action, and Solidarity", Inquiry, 38: 99-108.

Ritzer, George and J. Daniel Schubert

　　1991　　"The Changing Nature of Neo-Marxist Theory: A Metatheoretical Analysis", *Sociological Perspectives,* 34(3): 359-375.

Rustin, Michael

　　1988　　"Absolute Voluntarism: Critique of a Post-Marxist Concept of Hegemony", *New German Critique,* 43: 146-173.

三、工具書

孫雲、孫鎂耀主編

　　1991　　《新編哲學大辭典》，哈爾濱出版社。

傅盧（Antony Flew）主編，黃頌杰等譯

　　1992　　《新哲學詞典》，上海譯文出版

社。

戈曼（Robert A. Gorman）編，馬欣艷、林泣
明、田心喻等譯

　　1995　　《新馬克思主義人物辭典》，台
　　　　　　北：遠流出版事業股份有限公司。

Bottomore, Tom (ed.)

　　1983　　*A Dictionary of Marxist Thought,*
　　　　　　Oxford: Blackwell, 1987 3rd.

O'Sullivan, Tim et al.

　　1994　　*Key Concepts In Communication*
　　　　　　And Cultural Studies, London &
　　　　　　New York: Routledge.

拉克勞與穆芙

當代大師系列 25

作　　者／曾志隆
出 版 者／生智文化事業有限公司
發 行 人／林新倫
執行編輯／胡琡珮
登 記 證／局版北市業字第 677 號
地　　址／台北市新生南路三段 88 號 5 樓之 6
電　　話／(02)2366-0309　2366-0313
傳　　眞／(02)2366-0310
網　　址／http://www.ycrc.com.tw
E-mail／tn605541@ms6.tisnet.net.tw
印　　刷／科樂印刷事業股份有限公司
法律顧問／北辰著作權事務所　蕭雄淋律師
ISBN／957-818-398-4
初版一刷／2002 年 7 月
定　　價／新臺幣 200 元

總 經 銷／揚智文化事業股份有限公司
地　　址／台北市新生南路三段 88 號 5 樓之 6
電　　話／(02)2366-0309　2366-0313
傳　　眞／(02)2366-0310

國家圖書館出版品預行編目資料

拉克勞與穆芙 ＝Laclau & Mouffe／曾志隆著.
 -- 初版--臺北市：生智，2002〔民91〕
    面： 公分.--（當代大師系列：25）
 參考書目：面

  ISBN 957-818-398-4（平裝）

  1.拉克勞（Laclau, Ernesto）- 學術思想 -
社會學 2.穆芙（Mouffe, Chantal）- 學術思
想 - 社會學

 540.29   91007157